D1674776

Hans Manz
Adam hinter dem Mond

Hans Manz

Adam hinter dem Mond

Zärtliche Geschichten

*Von Adam,
seinem Größerwerden und Hineinwachsen in den
Umgang mit geliebten Menschen*

Bilder von Edith Schindler

Hanz Manz, geboren 1931 im Züricher Oberland. Lebt bei Zürich. Lehrer, Übersetzer, Drehbuchautor. Mitarbeit beim Schweizer Fernsehen. Veröffentlichte u. a. das Sprach-Buch für Kinder „Worte kann man drehen" (Auswahlliste Deutscher Jugenduchpreis).

Edith Schindler, geboren 1940 in Rüti/Glarus. Lebt in Zürich und hat viele Kinderbücher illustriert. Sie veröffentlichte Bildergeschichten und Bilderbücher, u. a. „Wenn ich großen Hunger hab, fang ich an zu kochen", Rezepte und Geschichten für Kinder in der Küche (Auswahlliste Deutscher Jugendbuchpreis).

CIP-Kurztitelaufnahme der Deutschen Bibliothek

Manz , Hans
Adam hinter dem Mond : zärtl. Geschichten ;
von Adam, seinem Grösserwerden u. Hineinwachsen
in d. Umgang mit geliebten Menschen. – 1. Aufl.,
1.–6. Tsd. – Weinheim, Basel : Beltz und Gelberg, 1976.
ISBN 3-407-80520-9

© 1976 Beltz Verlag, Weinheim und Basel
Alle Rechte vorbehalten. Programm Beltz & Gelberg, Weinheim
Einband nach einem Bild von Edith Schindler
von Jan Buchholz & Reni Hinsch, Hamburg
Gesetzt aus der 12 Punkt Times mit der Linotron 505 TC
Gesamtherstellung Beltz Offsetdruck, 6944 Hemsbach über Weinheim
Printed in Germany
ISBN 3 407 80520 9

Inhalt

Zuvor 9
Das weiche, weiße Eisbärfell 11
Die schwarzen Hosen mit den roten Streifen 16
Der Vogel auf dem untersten Ast 19
Postkarte und Taschenmesser 24
Hinter dem Busch 27
Ein Hagel von Pfefferminzkugeln 32
Der Schlafhüter 36
Ziegelsteinschriften 40
Das Bad im Fluß 44
Was soll das Pfand in meiner Hand? 47
Kaninchenställe 51
Die schwarzen und die weißen Tasten 57
Pinocchios Nase 62
Tropfende Bäume 65
Das Weltreisespiel 69
Eine Berg- und Talfahrt 73
Kräuselhauben und Backenbärte 78
Der Schutzwall 81
Der Riese und der Zwerg 84
Fahrrad, Sack und Seemannsleibchen 87
Nähmaschine und Reißverschluß 94
Kriechgänge 98
Das Köfferchen aus Kartonleder 101
Ein Stück Holz 107
Gewichte an den Beinen 109
Nachher 113

Zuvor

Als Adam ein Kind war, stieg er morgens aus einem hochbeinigen Bett mit Doppelmatratze. Er wusch sich bereits mit fließendem Wasser, wenn auch bloß mit kaltem. Aber die Milch fürs Frühstück kam warm aus dem Stall neben der Küche und wurde auf dem Holzherd gesotten. Während er aß, hörte er hinter dem Haus die Dampflokomotive pfeifen. Sie zog kurze, klapprige Wagen zweiter und dritter Klasse. Die Bahn verband die Dörfer seines Tales, und rund um die beiden Endstationen gab es sogar kleine Städte. Wie groß die Welt war, davon vermittelte allerdings erst das Radio eine Ahnung. Es stand in der Stube, war sehr hoch und geschweift.

Adam lebte in einem großen, hundertjährigen Haus. Es gehörte seinem Vater. Der Vater hatte es von seinem Vater geerbt und der seinerseits von seinem Vater. Viele Leute des Dorfes wohnten in eigenen, aber bescheidenen Behausungen und fast immer in Gesellschaft ihrer Eltern. Ihr Leben spielte sich innerhalb weniger Straßen, zwischen mehreren Dutzend

Häusern ab. Die Leute behaupteten stolz, hier kenne man sich noch und verbargen doch das meiste voreinander.

Hier also liebte Adam und wußte doch fast nichts von der Liebe. Daß sie mit dem Körper zu schaffen hatte, mußte er allmählich selbst herausfinden. Man hatte ihm gesagt, daß es nur auf ein reines Herz ankäme. Er wurde angehalten, Eltern, Geschwister und den lieben Gott zu lieben. Er mußte die Liebe mit Gehorsam und Anpassung beweisen.

Ein Held war Adam nicht.

Das weiche, weiße Eisbärfell

Auf dem Büfett stand das Foto: Adams Mutter als Kind. Es saß nackt in einem Polsterstuhl. Ein Holzrähmchen faßte Stuhl und Mutter ein, ein Glasscheibchen schützte sie vor Staub, und eine Kartonstütze hielt Foto, Rahmen und Glas aufrecht – ein Erinnerungsbild.

Außer Adam war niemand in der Stube. Die Mutter auf dem Foto und er waren ungestört. Adam versuchte sein Pantöffelchen auf den herausragenden Schlüssel an der Schublade zu stellen, erst das linke, dann das rechte – trat beide Male ins Leere. Adam drehte sich um, ergriff einen Stuhl an der Sitzfläche, schleifte ihn zum Büfett.

Es war noch schwierig für ihn, auf einen Stuhl zu steigen. Er mußte sich schnaufend und stöhnend mit den Armen bäuchlings auf den Sitz ziehen. Der Stuhl schien umzukippen, wippte wieder ins Gleichgewicht zurück. Adam richtete sich kniend auf, zog sich an der Lehne hoch.

Das Bild war noch immer über ihm, aber er war in seine Nähe gekommen. Er lachte die Mutter an. Sie war auf dem Bild viel kleiner als er. Adam fand auch, daß sie als Kind lustiger gewesen war als heute. Es gefiel ihm, daß man sie beim Fotografieren auf ein dichtes, weißes Eisbärfell gesetzt hatte. Sie fror nicht und wirkte noch molliger, als sie sonst schon war. Er betrachtete ihr rundes, neugieriges Gesicht, ihre schlauen Kulleraugen. Am meisten bewunderte er ihren Bauch. Der war kugelig und gespannt wie ein Ball.

Adam stellte sich auf die Zehen und strich mit dem Zeigefinger über den Bauch. Ja, natürlich, das Glas war davor. Aber Adam konnte es wegspüren und an seiner Stelle die feine, zarte Haut fühlen. Ganz leicht fuhr er darüber und beobachtete das Gesicht der Mutter. Er wartete auf ein Lächeln. Nichts. Adam verstärkte seinen Druck, schabte mit dem Finger, nicht zu grob, immer noch sehr zart, und hoffte, daß die Mutter zu lachen anfinge.

Wozu kitzelte er sie sonst! Kein Erfolg. Adam stampfte enttäuscht mit dem Pantöffelchen auf den Stuhl, war schon im Begriff, in die Knie zu gehen. Er besann sich aber nochmals, streckte sich wieder. Er hielt sich jetzt an der Oberkante des Büfetts fest. Sein Gesicht war ernst geworden; er grübelte, heftete seinen Blick auf das eine Bein der Mutter. Das Bein war angezogen. Vielleicht hatte sie sich darauf abstützen wollen, um sich hochzurappeln. Deshalb hielt sie sich auch mit den Patschhändchen an den Armlehnen fest. Der Fotograf hatte rasch abdrücken müssen, bevor sie hinunterpurzelte. Adam stieß seine Stirn gegen das Büfett. Nein: Das war anders gewesen! Jemand hatte das Bein absichtlich eingewinkelt. Wahrscheinlich Mutters Mutter. Er war überzeugt, daß sie hatte verhindern wollen, daß er, Adam, die Mutter nackt sah, ganz nackt, auch dort nackt, wo die Mutter ihren Fuß davor hatte.

Adams Finger krampften sich an der Büfettkante fest, bis die Knöchel weiß wurden. Er nahm sich nochmals zusammen. Mit all seinen Kräften wünschte er das Bein weg, wollte es ausgestreckt haben. Er schloß sogar für einen Augenblick die Augen, ein Wunder erwartend, öffnete sie wieder. Das Bein lag immer noch unverändert angezogen.

Mit einem raschen Stoß warf er das Bild um. Sein Gesicht entspannte sich. Er stieg vom Stuhl und stieß ihn an den Tisch zurück.

Die schwarzen Hosen mit den roten Streifen

Es war immer noch ein Ereignis, wenn der Vater in die Stube trat. Er füllte den Türrahmen in der Höhe so gut wie in der Breite, und der Schritt in die Stube bedeutete: Aufgepaßt, ich komme, und ich weiß, was ich will! Adam fühlte sich sicher, beschützt und gleichzeitig nichtig. Allerdings tappte der Vater diesmal mit kleinen, unsicheren Altweiberschrittchen über den gewichsten Boden. Adam spähte unter dem Tisch hindurch. Der Vater trug an den Füßen Wollsocken und paßte auf, daß er nicht ausrutschte. Das unbeholfene Sockengetrippel machte den großen, schweren Mann kleiner. Adam lachte vergnügt, zutraulich. Aber der Vater hatte nicht die Absicht, ein Kinderlachen zu beachten. Er tappte zum Schemel, unter dem die Schuhe standen, stellte sie auf den Schemel, zog sie über die Wollsocken. Er band sie und kam ins Schnaufen, ein gewaltiges Schnaufen. Adam dachte an eine Dampflokomotive, verbat sich den Vergleich sofort. Aber ein Riese war er, selbst jetzt, da er gebückt dastand, den ganzen Platz vor der Küchentüre versperrte, so daß niemand an ihm vorbei gekommen wäre.

Adams Interesse konzentrierte sich unterdessen auf Vaters schwarze Hosen. Die hatte Adam noch nie gesehen. Sie waren brandschwarz, und auf der Seite lief ein feuerroter Streifen vom Bund zu den Aufschlägen.

Der Vater stand wieder auf festem Boden, ging mit gewichtigen Schritten hinaus. Adam folgte ihm, mußte unbedingt wissen, was zu den bemerkenswerten Hosen hinzukam. Der Vater ging ins Schlafzimmer, stellte sich vor den Spiegel, würgte sich den Hemdkragen zu, ächzte. Daß ein so kleiner Knopf einem so großen Mann alle Kräfte abverlangte! Der Vater griff in den Schrank und holte eine Jacke heraus, auch sie war schwarz und ebenso mit roten Streifen versehen, nur tauchten sie jetzt am Ärmelende auf. Dazu kamen gelbe Knöpfe, funkelten goldene Sterne. Adam trat näher heran. Auf den Knöpfen war eine Flamme eingeprägt. Wenn Adam auch so einen Anzug besäße, nur kleiner! Notfalls wäre er auch mit einem Flammenknopf zufrieden gewesen.

Er wich erschrocken zurück. Der Vater schleuderte einen Gürtel um den Leib. Der Gürtel war breit, hatte gar drei rote Bänder auf schwarzem Grund. An einem Eisenhaken hing ein schwarzes Lederfutteral, oben breit, unten schmal zulaufend. Es mußte eine Axt enthalten, bestimmt. Endlich zog der Vater noch eine Mütze von der Hutablage hervor, sie war gleichfalls mit drei Bändern verziert, nur waren sie weder gelb oder aus Gold. Die Bewunderung schob Adam vorwärts, in den Bannkreis des geschmückten Riesen. Aber der Vater nahm jetzt die Mütze in die Hand, schwang sie, und schritt aus dem Zimmer.

Adam hatte noch keine Gelegenheit gehabt, dem Vater zu zeigen, daß er ihm gefiel. getraute sich auch nicht recht; denn der Vater hatte ein respekteinflößendes Gesicht. Es war streng und gesammelt. Endlich: im Hausgang fand Adam den Mut, den Vater an der schwarzen Jacke zu zupfen. Er hätte sie ohnehin schon lange gern berührt, aber nun hatte er allen Grund dazu. Der Vater hatte das Horn vergessen, das feuergelbe Horn, das tagein, tagaus mit der feuerroten Kordel an einem Kleiderhaken hing. Der Vater schüttelte nur den Kopf. Adam spürte einen Stich: Der Vater hielt ihn nicht für vernünftig genug, sonst hätte er nicht die Worte gespart, sondern geduldig erklärt, warum er das Feuerhorn nicht brauche.

Adam sah nur noch eine Möglichkeit, am Glanz und der Größe des Vaters teilzunehmen. Er hielt sich am schwarzen Lederfutteral fest. Vielleicht, vielleicht wurde er wenigstens mitgenommen. Der Vater aber sagte freundlich, doch keinen Widerspruch duldend: »Du mußt hier bleiben, ich kann dich nicht brauchen« und ließ Adam hinter der sich schließenden Türe zurück.

Adam lief hinauf ins Schlafzimmer des Vaters, öffnete den Schrank, mit der kleinen Hoffnung, einen Flammenknopf zu finden.

Der Vogel auf dem untersten Ast

Der Vater hatte auch an diesem Sonntagmorgen den Hut genommen und war gegangen: zu den anderen Männern, zu einer Besprechung, in eine Wirtschaft, auf den Sportplatz. Was wußte Adam schon? Und die Mutter hatte, wie immer, wenn der Vater auszog, die Lippen zusammengepreßt und die Augen hart gemacht. Adam begriff das nicht, *er* war ja noch da! Sie stampfte vom Bett, das sie in Ordnung gebracht hatte, zum Besenkasten. Der Besen krachte zu Boden. Die Mutter riß ihn hoch, fuhr mit ihm gegen die unschuldigen Bettpfosten, stieß und drückte ihn über den Boden, als wollte sie das Holz aushöhlen. Sie stampfte wieder hinaus, vertauschte den Besen mit dem Wedel. Wenn sie ihn aus dem Fenster ausschüttelte, rüttelte ihr ganzer Körper mit. Adam lief, holte die kleine Schaufel, schob mit dem Handwischer den Schmutz zusammen, trug ihn zum Eimer. Die Mutter ließ ihn wortlos gewähren. Adam wußte, daß sie nicht richtig vorhanden war. Sie sprach mit sich selbst, tonlos. Sie nickte mit dem Kopf, schüttelte ihn, das Kinn zitterte. Adam strich das Kissen glatt, forschte mit Seitenblicken Mutters Gedanken aus. Er war gespannt, wie lange es diesmal dauern würde, bis sie seine Liebesdienste wahrnahm. Sie setzte sich auf einen Stuhl, den Wedelstiel in der Hand wie einen Speer, grollte noch immer, die freie Faust schlug zweimal auf ihren eigenen

Schenkel. Adam nahm ihr den Stiel aus der Hand, sehr sanft, wie einer Schlafenden, wischte fertig auf, versorgte die Geräte im Kasten. Sie ging jetzt – Adam hatte das erhofft und vorausgesehen – in die Küche und nahm aus dem Schrank die Schokolade. Sie wußte anscheinend, daß Adam neben ihr stand, denn sie schwenkte, ohne den Kopf zu drehen, ihren Arm aus, hielt ihm einen Riegel hin. Einen behielt sie für sich. Adam wartete auf das seltsame Schauspiel, das ihm bevorsteht. Die Mutter brach den Riegel in kleine Täfelchen auseinander, halbierte auch diese noch, goß sich Milch in ein Glas. Die Mutter nahm ein halbes Täfelchen, biß davon winzige Stückchen ab, zerkaute, zermalmte sie langsam und gründlich, schluckte ein wenig Milch hinterher. Die Mutter hatte ein Magengeschwür. Schokolade war Gift für das Geschwür, die Milch mildernde Medizin. Adam war fürs Erste zufrieden. Wenn die Mutter Schokolade aß, suchte sie Trost. Ihre Augen waren schon etwas wärmer geworden. Adam holte den Milchkrug, hielt ihn geduldig in der Hand. Nun hatte sie das Glas geleert. Adam goß nach, die Mutter mußte nicht einmal den Blick aus weiß Gott welcher Ferne zurückziehen, nur das Glas hinhalten. Als er das zweite Mal mit dem Krug kam, gab sich die Mutter einen Ruck, nahm ihm den Krug ab, legte die Hand auf Adams Kopf und sagte: »So, wir machen uns auch einen schönen Morgen.« Sie trug den kleinen, runden Tisch auf den Balkon. Adam half ihr den Lehnstuhl hinaustragen, schleppte sein eigenes Stühlchen mit. Auf dem Balkon war es warm, sogar heiß. Die Mutter las. Er zeichnete den großen Baum, den er von seinem Stuhl aus sah, und das Haus dahinter. Die Mutter setzte er mit sorgfältigen Strichen unter den Baum, in den Schatten. Er vertauschte den Bleistift mit einem roten Buntstift, hängte Äpfel ins Laub, obwohl der echte Baum nur Lindenblüten trug. Ein Vogel saß auf dem untersten Ast, sperrte den Schnabel auf und sang.

Adam betrachtete das Bild, stellte fest, daß noch etwas fehlte. Er malte einen besonders großen roten Apfel in Mutters Schoß. Er war eben vom Ast gefallen.

Er nahm die Zeichnung, kletterte der Mutter auf die Knie und erklärte ihr das Bild. Sie bewunderte den schönen Baum, freute sich, daß sie einen so großen Apfel bekommen hatte. Aber Adam meinte, aus ihrer Stimme herauszuhören, daß sie sich Mühe geben mußte, sich zu freuen. Immerhin zog sie ihn an sich. Er erzählte ihr, warum er den Vogel *zuunterst* im Baum singen ließ: daß ihn die Mutter gut höre. Die letzten Sätze flüsterte Adam, denn er sah zwischen den Geländerstäben hindurch den Vater heimkehren. Der brauchte nicht zu wissen, daß sie auf dem Balkon saßen. Adam fing eine neue Zeichnung an. Die Mutter hielt das Buch in der Hand, horchte. Sie hatte also Vaters Rückkehr auch bemerkt. Sie wartete, ob er sie suche und finde. Als er nicht auf dem Balkon erschien, legte sie das Buch endgültig weg, verschwand, kam nicht wieder. Adam zeichnete ein Haus. Es brannte.

Postkarte und Taschenmesser

Es war still im Haus. Alle hatten es verlassen. Nur Adam war zurückgeblieben, und irgendwo und überall war der liebe Gott. Er war immer gegenwärtig. Adam räumte eine seiner beiden Schubladen in der Kommode aus. Die überließ er dem lieben Gott. Die Sonntagsschullehrerin hatte gesagt, man müsse ihn lieben, sonst sei man verloren. Adam mußte also auch etwas Liebgewonnenes von sich hergeben. Der liebe Gott wollte Beweise, daß man ihn liebte. Adam opferte sein Taschenmesser und die Postkarte mit dem alten, kutschenähnlichen Automobil darauf. »Du kannst es behalten«, murmelte Adam, »mindestens eine Woche lang, vielleicht zwei.« Die Leihdauer hing vom Ausgang des Abenteuers ab, auf das er sich einlassen wollte.

Er stieg in den Keller hinunter, sang das Lied von der Katze, die eine Maus fangen wollte und sie nie erwischte, vor sich hin. Krampfhaft konzentrierte er sich auf die nicht endenwollenden Verse. »Der liebe Gott«, hatte die Sonntagsschullehrerin gesagt, »kann alle Gedanken lesen, besonders die bösen.« Wenn Adam an die Verse dachte, konnte der liebe Gott nur das Lied lesen. Im Keller wurde es aber schwieriger mit den Gedanken. Adam fand es am klügsten, laut zu reden, so bekam er Kontrolle über sie. »In diesem Gestell«, sprach er, »stehen Einmachgläser, in der

Mitte mit Birnen gefüllte, darüber sind die Zwetschgengläser, zuhinterst die Pflaumen. Die Pflaumen habe ich am liebsten. Du siehst doch, lieber Gott, daß ich ein Pflaumenglas aus dem Gestell nehme! Das Glas ist klebrig. Ich könnte die Pflaumen essen, niemand ist im Haus außer dir und mir. Aber die Sonntagsschullehrerin hat gesagt, dich lieben heißt: nicht lügen, nicht hassen, nicht stehlen. Wenn ich die Pflaumen esse, habe ich gestohlen. »Paß auf, ich stelle das Glas zurück.«

Adam wußte nicht mehr weiter. Die Lust auf Pflaumen war so groß, daß sie die Gedanken auf ihre Seite zog. Sie dachten sich von selbst. Nur gut, daß der liebe Gott in einer Million Köpfen Gedanken lesen mußte! Aber eben diesen hatte er auch mitbekommen und überwachte Adam besonders aufmerksam. Wenn doch auf dieser großen Welt gerade jetzt jemand eine Bank ausraubte! Dieser Schurke wäre dem lieben Gott bestimmt wichtiger. Adam gab auf. »Also, ich gebe zu«, sagte er, »daß ich Pflaumen essen will. Vergiß aber nicht, daß ich dir ein Taschenmesser und die Postkarte gegeben habe. Für zwei Wochen!«

Adam nahm das Glas, ging in die Küche. Er holte einen Löffel, eilte in sein Zimmer, stellte das Glas auf den Fenstersims, nahm es gleich wieder weg. Er wollte die Pflaumen in Ruhe essen, ohne immer das allmächtige Gottesauge über sich zu fühlen. Er setzte sich in den Kleiderkasten, zog die Türe so weit zu, daß noch etwas Licht hereindrang. Der Gummiring unter dem Glasdeckel löste sich nicht. Adam ging zur Schublade des lieben Gottes, sagte: »Verzeihung, ich leihe es nur rasch aus«, stach mit dem Messer zwischen Deckel und Ring, brachte es zurück.

Er löffelte, spuckte die leeren Steine ins Glas und hatte genug, ehe die Hälfte der Pflaumen weg war. Gleichzeitig hörte er Schritte im Gang. Adam zog die Türe noch näher, zitterte. Der Löffel klingelte am Glas. Adam steckte ihn in den Mund. Er bat den lieben Gott auf dem Gedankenweg, noch dieses eine Mal die Entdeckung des Diebstahls abzuwenden, sicherte ihm weitere Geschenke zu.

Es war die Mutter, die durchs Zimmer ging. Sie schloß ein Fenster. Eine Weile lang hörte Adam nichts, vermutete, sie blicke auf die Straße hinunter. Dann klopften ihre Schritte wieder aus dem Zimmer. Die Türe fiel ins Schloß. »Ich danke dir, lieber Gott«, flüsterte Adam, »nur du kannst sie vom Schrank abgelenkt haben. Sie sieht sonst alles.«

Er blieb regungslos sitzen. Aber merkwürdigerweise war der Appetit auf Pflaumen wieder erwacht. Die Aufregung war schuld daran. Er mußte den Angstgeschmack hinunterspülen. Das Glas fehlte übrigens ohnehin im Kellergestell. Und wenn ihn der liebe Gott für die erste Pflaumenhälfte nicht strafte, übte er bestimmt auch für die zweite Nachsicht. Die Sonntagsschullehrerin hatte schließlich gesagt, seine Güte sei grenzenlos.

Hinter dem Busch

Die Kindergärtnerin – sie nannten sie Tante – war halb taub. Sie schrie darum, damit sie sich selbst hörte: »Sammelt euch gefälligst, ordnet euch, macht eine Kolonne! Wir gehen in den Wald!« Adam mußte jemand an der Hand fassen. Seit einiger Zeit nahm er Erikas Hand. Sie drückten sich die Hände, innig und kräftig, so daß sie zu schwitzen begannen. Sie lockerten den Griff, rieben sich gegenseitig die Innenflächen heiß. Sie wurden trocken. Adam faßte nach, sah Erika an. Sie trug eine Brille, die ihre Augen vergrößerten. Die Augen waren blau, ganz klar und funkelten aus der Tiefe. Noch besser gefiel ihm nur ihr Haar. Mitten in der Stirn waren die Fransen gerade geschnitten, bedeckten die weißen, feinen Ohren und waren rings um den Hinterkopf wieder in waagrechter Linie ausrasiert.

Die Tante ging voraus, sah sich alle paar Schritte um, trieb Adam, Erika, alle Kinder zur Eile an, schrie wieder. Adam und Erika machte das nichts aus. Sie gingen am Ende der Kolonne, hielten sich immer noch fest, obschon sie frei waren. Im Wald war es erlaubt, aus der Kolonne zu tanzen. Nur auf dem Weg mußten sie bleiben. Erika und Adam dachten, das wäre wohl so, weil der Wolf das Rotkäppchen vom Weg abgebracht hatte. Oder die Tante hatte Angst, es könnte sich ein Kind verirren wie Hänsel und Gretel.

Erika sagte: »Ich würde mich gern verirren. Mit dir.« »Ja«, lachte Adam. »Das wäre schön, wir würden die Hexe verbrennen, gleich wenn wir ankämen.« »Wir würden im Haus bleiben und beisammen leben, bis wir stürben.«

Die Tante schrie, sie dürften jetzt Verstecken spielen, aber nicht weiter fortlaufen als bis zum Bach. Adam verschwand mit Erika hinter einem Busch. Sie duckten sich, mußten eng zusammenrücken, daß sie der Sucher nicht fand. Sie hielten den Atem an, kicherten. Erika lehnte sich zu weit vor, drohte, in den Busch zu fallen. Sie schlug erschrocken den Arm um Adams Nacken, konnte sich gerade noch retten. Sie ließ den Arm hinter seinem Kopf ruhen. Ihm wurde heiß. Eine unwiderstehliche Lust, Erika zu küssen, überfiel ihn. Statt dessen nahm er einen großen Satz über den Busch, rannte auf den Zielbaum los, war vor dem Sucher dort. Adam hatte sich erlöst.

Die Tante schrie wieder nach den Kolonnen. Erikas Hand war rauh von der trockenen Walderde. Adam rieb sie glatt. Die Kolonnenspitze stieg einer kleinen Kuppel entgegen, und der Kopf der Tante ging jenseits des Hügels schon unter. Erika zog Adam mit einem heftigen Ruck zurück, legte den Finger auf die Lippen und wartete, bis alle Köpfe verschwunden waren. Mit raschen Bewegungen streifte sie die Hosen hinunter und sagte: »Guck!« Adam guckte. Unten zischte es aus ihr heraus, fremd und beeindruckend. Bei ihm plätscherte es doch immer nur. Erika hatte die Hosen schon wieder hochgezogen, packte Adam an der Hand, lief mit ihm über den Hügel. Als sie die Kolonnen eingeholt hatten, ließ Adam entsetzt Erikas Hand fahren. Erst jetzt verlor er die Fassung. »Was hast du?« fragte sie ängstlich. »N-nichts«, stotterte er und ergriff wieder ihre Hand. Sie durfte um keinen Preis merken, daß er verwirrt war. Er hatte ja gar nichts gesehen! Hatte sie wirklich nichts? Dieses Dingsda, auf das er so stolz war? Ein Pimmelchen war doch nicht zu übersehen! Bei Gott, sie war verstümmelt. Die Arme! Adam hätte gern gewußt, wie das passiert war, mochte sie aber nicht belästigen.

Er erwog, der Mutter bei Gelegenheit zu erzählen, was ihn beschäftigte. Nein, nein, das ging nicht. Sie würde ihm übers Maul fahren. Er beschloß, sich der Tante anzuvertrauen. Als er aber beim Abschied vor ihr stand, verließ ihn der Mut. Es ärgerte ihn, daß sie schwerhörig war. Er hätte ihr seinen Kummer entgegenschreien müssen. Überhaupt hatte er auf einmal das Gefühl, daß alle Erwachsenen taub waren. Er begleitete Erika bis zur Haustür, mitfühlend, sorgsam, als ob sie eine Kranke wäre.

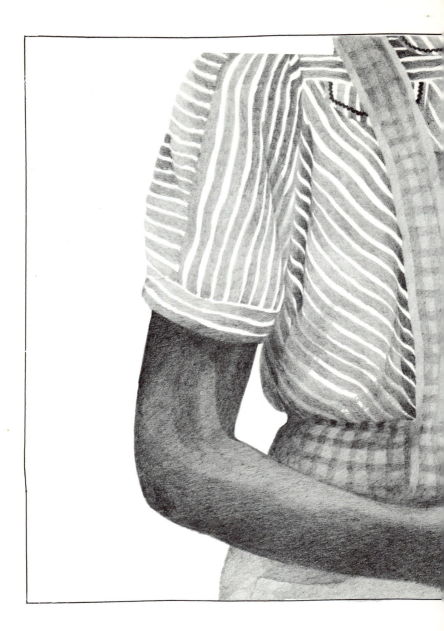

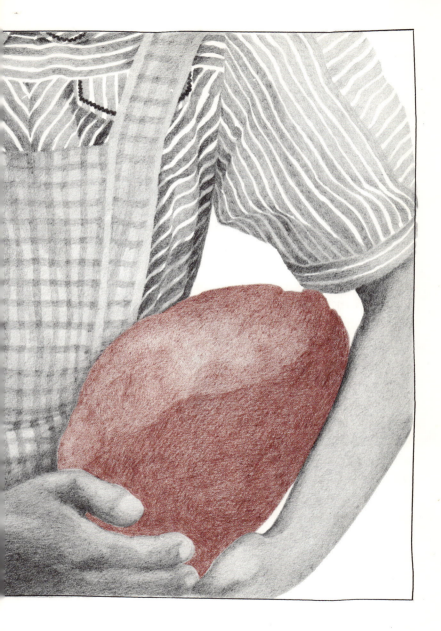

Ein Hagel von Pfefferminzkugeln

Adam kam kurz vor Mittag mit der Einkaufstasche in die Küche und hob sie auf den Tisch. Die Großmutter stand am Herd und hielt sich am Pfannenstiel fest. Sie träumte vor sich hin und hatte ein zärtliches Gesicht. Sie gönnte sich die seltene Ruhepause nur, weil sie selbst jetzt noch etwas zu tun hatte: aufzupassen, daß die Nudeln nicht verkochten. Adam wartete, er mochte Großmutters Träume nicht stören. Sie goß die Nudeln ab, sah die Tasche und den Einkäufer. Aus dem Sack auf der Innenseite ihres Rockes kramte sie eine Pfefferminzkugel hervor. Adam saß und lutschte.

Die Mutter erschien. Sie räumte die Tasche aus und fand in ihr einen Grund, über Adam herzufallen. Er hatte die Suppenwürze vergessen. Das Gezeter der Mutter wurde schärfer. Adam krümmte sich unter dem Hagel von Vorwürfen, war froh, als die Mutter hinaushastete. Die Großmutter setzte sich zu ihm hin. »Ein Junge wie du«, erzählte sie, »wurde von seiner Mutter zum Kaufmann geschickt. Er mußte Petroleum holen. Der Kleine hatte dieses Wort noch nie gehört. Die Mutter hatte keine Zeit, das Wort auf einen Zettel zu schreiben oder es ihm einzuprägen. Sie riet ihm darum: ›Wenn du es vergissest, dann laß doch einfach den Kaufmann am Zapfen riechen, er wird schon merken, was du brauchst!‹ Als der Junge im Laden stand, ihn der Kaufmann fordernd anblickte, war ihm das Wort tatsächlich entfallen. Er errötete und stammelte: ›Ich... ich hätte gern... gern einen Liter Riechamzapfen.‹« Adam lachte. Er lachte sich die Schuld für seine Vergeßlichkeit von der Seele. Und die Großmutter lachte, weil sie ihn hatte trösten können.

Es wurde Zeit zum Essen. Adam aß das Fleisch, verschlang die Nudeln. Aber die schleimigen Krautstiele, die es dazu gab, fand er zum Kotzen. Die Großmutter streckte den Kopf vor, flüsterte über den Tisch: »Gib sie mir!« Sie aß an seiner Stelle das scheußliche Gemüse auf und ertrug die stumme, aber faustdick spürbare Mißbilligung der Mutter.

Es wurde Nachmittag. Die Mutter schickte Adam auf den Balkon, die Wäsche mußte abgenommen werden. Die Großmutter sandte ihn in ihre Kammer, sie brauchte eine frische Küchenschürze. Die Furcht vor neuen Vorwürfen trieb Adam zuerst auf den Balkon. Großmutters Milde mutete er die größere Geduld zu. Als er aber die Wäsche abgenommen hatte, sich im Korridor auch noch mit der maunzenden Katze einließ, kam die Großmutter aus der Küche gelaufen. Sie schimpfte, daß man sich auf ihn nicht verlassen könne, die Mutter habe eigentlich ganz recht gehabt. Adam war gekränkt: »Dann hol doch die Schürze selbst, ich kann nicht gleichzeitig an zwei Orte hinlaufen.« – »Schweig!« schrie die Großmutter, »oder ich geb dir die Hand ins Maul, daß dir die Zähne in den Rachen fliegen!« Ihr Zorn war wundervoll hilflos und komisch. Ihrer Stimme fehlte die Härte und Strenge der Mutter. »Tu's doch!« frotzelte Adam, wußte genau, daß sie nun in die Küche rennen würde. Sie kam mit der Kelle in der Hand zurück, verfolgte Adam in ohnmächtiger Wut. Er hatte die flinkeren Beine.

Es wurde Abend, wurde Nacht. Die Großmutter hatte einen Schlaganfall. Der Arzt kam und zweifelte, daß sie sich je erholen würde. Die Mutter führte Adam an Großmutters Bett. Ihre Atemgeräusche waren trocken und quälend mühsam. Ihre Haut war gelblich, das Kinn hing hinunter.

Adam lag wieder im Bett und löschte das Licht. Die Dunkelheit beschwor das Bild des Todes herauf: Ein grinsender Knochenmann mit der Sense auf der Schulter, rücksichtslos über Land schreitend. Adam fürchtete, der Tod käme durchs Fenster neben seinem Bett. Vater und Mutter hatten gesagt, es wäre besser, wenn die Großmutter von ihrem Leiden erlöst würde. Und wer hatte ihr Leid zugefügt, bis sie sich nicht mehr anders zu helfen wußte, als die Kochkelle zu holen? – Der Tod holte ihn, Adam! Er kroch unter die Decke und rührte sich nicht. Die Decke wurde hochgehoben. Adam schrie, schrie um sein Leben. Über ihm stand die Mutter. Die Großmutter war zu sich gekommen, wollte Abschied nehmen.

An ihrem Bett hatten sich der Vater und die Geschwister versammelt. Adam kontrollierte das Fenster. Nur der Mond leuchtete. Der Tod lauerte wahrscheinlich draußen im Garten. Die Großmutter war ruhig. Sie fürchtete ihn nicht. Sie dankte jedem für alle Güte, die sie empfangen habe, wie sie sagte. Sie bat um Vergebung für den Kummer, den sie verursacht haben wollte. Adam konnte sich an keinen erinnern. Und als sie ihm die Hand streichelte und sagte: »Bleib lieb, wie du warst«, kam ihm das wie Hohn vor. Er lief hinaus und warf sich auf sein Bett. Er wünschte nun, daß der Tod käme und ihn mitnähme zur gerechten Strafe für seine Bosheit.

Aber der Tod erschien ihm nicht einmal im Traum. Er träumte von einem Gewitter. Aus schwarzen Wolken fielen Pfefferminzkugeln zur Erde. Sie prasselten auf seinen Kopf, hart und schmerzhaft wie Steine.

Es wurde Morgen. Adam dachte an seine zweite Großmutter, Mutters Mutter. Sie würde zur Beerdigung kommen. Er wollte ihr alle Wünsche von den Augen ablesen.

Der Schlafhüter

Adam konnte lesen und schreiben lernen, sich nach der Decke strecken, wie er wollte, er blieb der Kleinste im Haus. Gewiß, alle waren besorgt um ihn, nur zu besorgt, ohne Verständnis dafür, daß auch er gerne für andere gesorgt hätte. Heute zum Beispiel hatte ihm die Mutter Schuhe gekauft, die Schwester hatte ihm gestern die Haare gewaschen, der Vater ihm eine Rechenaufgabe erklärt, der Bruder Adams Fingernägel geschnitten. Das war lieb von ihnen. Aber konnte er der Schwester Schuhe kaufen, dem großen Bruder Rechnungen erklären, dem Vater die Fingernägel schneiden, der Mutter die Haare waschen? Warum eigentlich nicht? Aber niemand bat ihn darum.

Adam spürte etwas Warmes, Weiches unter dem Stuhl. Die Katze! Er fuhr mit der Hand über ihren Rücken, mit einem starken und doch sanften Druck, der sie zum Schnurren brachte. Sie legte sich auf den Boden. Er kraulte sie zwischen den Ohren, am Kragen. Sie streckte alle viere von sich.

Er nahm sie auf die Arme, stellte sie auf den Schuhabstreifer vor der Treppe. Die Katze begriff ihn, rannte die Treppe hoch. Adam folgte ihr, kam oben an. Sie warf sich hinter dem Geländerpfosten hervor, sprang und klammerte sich an seinen Hosen fest. Dieses Spiel hatte sie selbst erfunden. Ebenso das zweite: Sie trippelte zur Schlafzimmertür, ging in

Lauerstellung. Nun war es an ihm zu verstehen. Er nahm das Taschentuch aus dem Sack, knüllte es zusammen und warf es auf halber Höhe gegen die Tür. Die Katze fing es mit einem geschmeidigen Sprung. Sie erwischte es jedesmal: in der tiefen linken Ecke, schräg über ihr. Sie war ein erstklassiger Torhüter. Nur gab sie schon in der ersten Halbzeit auf. Sie strich um Adams Beine, wollte noch mehr verwöhnt werden. Die Gute! Er setzte sich auf den Treppenabsatz. Die Mieze sprang auf seinen Schoß, legte sich links herum hin, ließ sich rechts herum nieder. Sie räkelte sich, nestete, bis sie am bequemsten lag.

Adam legte seine Hand unter ihren Kopf, dann rührte er sich überhaupt nicht mehr. Er war der Hüter ihres Schlafes. Selbst das Einschlafen der eigenen Beine und die schmerzhafte Lage seines Kopfes am harten Geländer hielt er aus.

Unten aus der Küche riefen sie: »Adam!« Dann lauter durch die geöffnete Tür: »Aaaadam!« Die Stimmen verrieten, daß sie in der Küche saßen und irgend etwas Verführerisches verzehrten. Adam hatte Hunger. Und wenn die Familie Kaffee trank, nahmen sie sich Zeit, ihm zuzuhören oder selbst zu erzählen. Er setzte sich gerade. Die Katze streckte die Pfoten aus und blinzelte ihn vorwurfsvoll an. Nein, er blieb, war ganz für die Katze da, zufrieden, von ihr gebraucht zu werden.

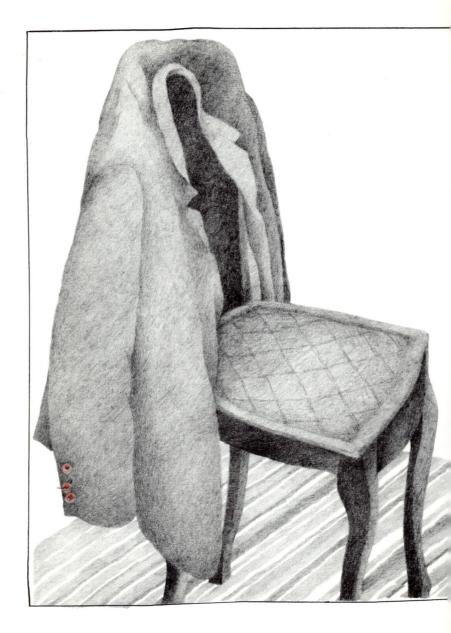

Ziegelsteinschriften

Bis zum heutigen Tag war Hans, der Metzgerjunge, mit Adam gegangen: auf Streifzüge, durch dick und dünn. Und heute hatte sich Hans breitspurig aufgestellt und sich gebrüstet: »Ich gehe mit Maja«. Adam versuchte zu verstehen: *Wohin* gingen sie? Mit ihm, Adam, ging Hans seltsamerweise wie gewohnt zur Kegelbahn. Sie schossen mit dem Luftgewehr auf die Verschlüsse von Bierflaschen. Und Maja hockte wie üblich bei Ruth auf der Dachterrassse. Nur auf dem Kegelbahnboden stand es wieder geschrieben: HANS + MAJA.

Adam war nicht recht bei der Sache, schoß zu hoch oder zu tief. Auf dem Heimweg begegnete er Fritz. Der trug den Kopf auch höher als gestern. Adams Fuß trat auf eine weitere Inschrift, mitten auf der Straße: FRITZ + VRENI. Mauern, Hauswände, Brunnenränder waren beschriftet: HANS + MAJA, FRITZ + VRENI, EUGEN + LOTTI. Seinem eigenen Namen war er noch nicht begegnet. Adam vermutete, daß er selbst etwas dazu beitragen mußte.

Er hob das Stück eines roten Ziegelsteines auf, ging zu den Steinplatten hinter der Wagenauffahrt des Bäckers. Adam kniete sich nieder, ritzte fünfmal ADAM in die Platte, schrieb daneben fünfmal ein +. Hinter den ersten Adam setzte er ein Fragezeichen. Dem zweiten gönnte er eine MAJA. Sie gehörte Hans, gewiß doch! Er wollte nur sehen, wie sich das Paar ausnahm. Der dritte Adam mußte lange warten, durfte aber zufrieden sein, er bekam eine ELEONORE zur Begleiterin. Die gab es zwar nur in der Filmstarsammlung der Schwester, aber Adam hätte Lust gehabt, die lästige Suche nach einer, die mit ihm ging, abzukürzen, sie kurzerhand zu erfinden.

Zwei Adams litten noch unter Einsamkeit. Hinter den ersten setzte er eine ROSMARIE – das war seine Kusine –, zum letzten eine SCHANÄTT. Schanätt? Wieso war ihm jetzt die eingefallen? Weil sie schön war! Und frei bestimmt auch. Er mußte sie sofort fragen, bevor sie ihm ein anderer wegschnappte. Er schleppte das Fahrrad des Bruders aus dem Schuppen, war bereit, eine Stunde zu fahren. Schanätt wohnte am »Ende der Welt«, einer Wirtschaft zuhinterst im Tal.

Nach zehn Fahrradminuten gab Adam das Vorhaben auf. Die Querstange schnitt ihm zu sehr in die Schenkel, denn nur auf ihr sitzend konnte er die Pedalen erreichen. Und Zeit hatte er verloren, Zeit! Er fuhr heim, ließ das Rad fallen und stürzte ins Haus. Das Fotoalbum im Büfett riß er heraus, daß zwei Bücher hinunterfielen. Er drehte das Album gegen das Licht und zückte das Messer. Da war ein Foto, auf dem er am Tisch saß und las, mit klugem, gespanntem Gesicht. Auf dem zweiten Bild stand er auf der Haustreppe: stolz, aufrecht. Adam verglich mit dem dritten Foto, das ihn unter einem Apfelbaum zeigte, liebenswürdig lächelnd. Nein, das Lesebild kam nicht in Frage. Der

Bruder hatte sich vorgedrängt. Er könnte Schanätt besser gefallen als er. Und das Treppenfoto war unbrauchbar, weil er den Schultornister trug. Zu musterhaft! Also löste Adam den Lächler unter dem Baum vom Fotokarton. An zwei Stellen war das Bild dünn, fast durchsichtig, dafür blieben in der Albumlükke zwei zackige, weiße Fetzen zurück. Adam raste hinaus und lief der Mutter in die Arme. Na, Gott sei Dank! Er mußte nur ein Brot holen. Im Vorbeigehen pfiff er Hans aus dem Haus, der kam nur zu gern zum Bäcker mit.

Die Bäckerin sah sie mißtrauisch an. Sie kam aber nicht darum herum, ihnen den Rücken zuzukehren, die Brote lagen im Wandgestell. Hansens Hand schoß über die Glasschranke, ergriff zwei Vanillehörnchen, zuckte zurück. Die Bäckerin drehte sich um, sah die beiden unschuldig dastehen. Die Bäckerin bückte sich zur Seite, schlug das Brot in Seidenpapier ein, während Hansens Hand mit dem Vanillehörnchen den Weg zum Hosensack einschlug.

Sie gingen um zwei Ecken herum, lehnten sich an die Hauswand. Adam aß mit, gefälligkeitshalber. Denn mitgegessen war mitgehangen. Hans war dafür bereit, Schanätt das Foto zu bringen. Er fuhr mit seinem Vater zweimal wöchentlich zum »Ende der Welt«, trug Würste und Fleisch in die Wirtschaft. Adam holte den Ziegelstein und schrieb an die Wand: ADAM + SCHANÄTT.

Am Mittwoch wußte Hans noch keinen Bescheid. Er

habe nicht mitgehen dürfen, behauptete er. Auch am Samstag ließ er nichts von sich hören. Adam lauerte ihm auf. »Ach ja«, Hans wand sich, »einen herzlichen Gruß von der Schanätt. Sie will – sagte sie – keinen dressierten Affen, der das Maul bis zu den Ohren verzieht! Und«, fügte Hans empört hinzu, »das Foto hat sie zerrisssen.«

Adam starrte auf Hansens Gesicht. Es kam ihm merkwürdig bekannt vor. Der Ausdruck in den Augen erinnerte ihn an den Diebstahl im Bäckerladen, an Hansens heuchlerische Unschuldsaugen. Adam brüllte: »Du hast sie überhaupt nicht gefragt! Du hast sie für dich selbst genommen! Gib das Foto her!«

»Lügner, dreckiger!« schrie Hans. »Du willst nicht wahrhaben, daß du sie ankotzest!« Sie packten sich, prügelten sich verbissen. Dann hob Adam das Brot auf, wischte mit dem Ärmel den Schmutz vom Laib. Er hatte keine Beweise, daß ihn Hans betrogen hatte. Dennoch blieb ihm nur eines übrig: Er nahm den Ziegelsteinscherben, schabte an der Bäckereiwand die SCHANÄTT weg, das + und schließlich sich selbst.

Das Bad im Fluß

Neuerdings verbrachte Adam seine Nachmittage mit Rita. Sie war zwar ein Mädchen, pfiff aber geschickter durch die Finger als die meisten Buben. Sie stürzte aus dem Haus, mit ihren bloßen, starken Füßen. Er bückte sich. Sie stützte sich auf seinem Rücken ab, sprang über ihn hinweg. Rita wollte reiten. Ach ja, Adam erinnerte sich. Seit ein paar Tagen hatte sie den Pferdetick. Sie sammelte Pferdebilder, sah jedem Pferd auf der Straße nach, ging in die Ställe der Nachbarn und striegelte die Felle. Rita war selbst ein Pferd. Sie hatte die langen, blonden Haare zu einem Schwanz gebündelt. Adam nahm eine Schnur, legte sie hinter ihrem Kopf aus, zog sie unter den Armen hindurch. Er zügelte, sie trabte zum Springfeld. Sie wollten über die Stangen, den Wassergraben und den Strauchoxer springen. Als sie vor den Hürden standen, erkannten sie, daß nur wirkliche Pferde in der Lage waren, über diese Höhen hinwegzusetzen.

Sie schlugen sich in den Buschwald neben dem Fluß. Sie nahmen ihre Taschenmmesser, schnitten Ruten, die sich verästelten, ließen eine kleine Gabel stehen. Rita steckte sie links in den Boden, Adam rechts, auf gleicher Höhe. Dann legten sie Querstangen in die Gabeln. »Zwanzig Sprünge brauchen wir mindestens«, sagte Rita, »Stuten springen ausdauernd.« Adam überlegte: Stuten? Richtig, das waren Pferdeweibchen. Folglich war er ein Hengst. Weiß der Kuckuck, weshalb sie plötzlich auf den Unterschied zwischen Weibchen und Männchen Wert legte. »Wir reiten gegeneinander, der Wettkampf wird spannender«, erklärte sie.

Sie brauchten eine gute halbe Stunde, bis die zwanzig einfachen Hindernisse, Doppel- und Dreifachsprünge standen. Die Stute ritt zuerst. Adam lief neben ihr her, zählte die Stangen, die sie warf. Ihr Roßschwanz schwang hin und her. Zwischen den Hürden fiel sie in regelrechte Galoppschritte. Sie riß zwei Stangen. Adam kam im ersten Umgang ohne Fehler durch. Sie verschnauften. Ein einzelnes Hindernis forderte nicht viel Kraft ab, aber nach zehn, zwölf Hürden ermüdeten sie. Sie schlugen sich mit einer Gerte auf den eigenen Hosenboden.

Rita hatte nach fünf Umgängen ausgeglichen. »Stuten springen so gut wie Hengste«, sagte sie und war zufrieden. Sie legten sich ins Gras. Aber die Sonne, die im niedrigen Buschwerk überall Lücken fand, erhitzte ihre Köpfe. Rita erhob sich: »Komm, wir gehen in die Schwemme?«

»Wie? Was meinst du?«

»Ins Wasser, in den Fluß, du Nichtswisser. Pferde brauchen Erfrischung nach der Arbeit.« Sie nahm ihn am Kragen, führte ihn wie an einem Halfter. Sie legten die Kleider unter einem Strauch ab. Adam zögerte. Durfte man nackt baden? Sie lachte. »Komm schon! Hast du jemals Pferde in Badehosen gesehen?«

Der Fluß war ungefährlich. Auf den flachen Abschnitten floß das Wasser träge auf Wadenhöhe. Dann stürzte es über eine Schwelle, spülte ein breites, metertiefes Becken aus. Sie stießen vom Ufer ab, zogen sieben, acht Schwimmstöße durch, stiegen auf einen herausragenden Steinblock. Sie luden sich abwechslungsweise auf die Schultern, ließen sich ins Becken fallen. Die kühle Strömung durchrieselte allmählich ihre Leiber. Rita rannte ins wärmere seichte Wasser hinaus. Adam spritzte. Sie kreischte, rannte flußabwärts. Er hinter ihr her. Dann warf sie sich, wie vom Donner gerührt, ins Wasser. Adam tauchte ins Becken. Hinter den Uferbüschen hatte eine Männerstimme gerufen: »Was treibt ihr da? Schämt ihr euch nicht! Raus mit euch!« In der Stimme war eine Drohung enthalten.

Sie hasteten zu den Kleidern, zogen sich an, setzten in weiten Sprüngen übers flache Wasser. Sie jagten sich durch die Felder. Auf einer frisch gemähten Wiese packte Adam Ritas Bein. Er versuchte, ihre Schultern auf den Boden zu drücken. Sie war wendig, entzog sich seinen Ringergriffen. Sie rollten die kurzen Halme flach, trennten sich abermals unentschieden, klopften sich den Schmutz vom Rücken, brüderlich.

Was soll das Pfand in meiner Hand?

Adam schritt einem Geburtstag entgegen und wünschte, er hätte nie zugesagt. Warum lud ihn Lydia jedesmal ein? Sie war wohl mollig und hatte ein hübsches Grübchen in der rechten Wange. Wenn sie nur nicht immer herumkommandiert hätte: jeden und jede! Auf Adam hatte sie es besonders abgesehen, ausgerechnet. Unangenehm! Noch unangenehmer wäre es nur gewesen, ihr rundheraus abzusagen. So was machte man nicht. Und Lydias Mutter buk die besten aller Geburtstagskuchen.

Adam griff nach der Brust. Er hatte das Geschenk, eine hübsch verpackte Scherzbrille, in sein Hemd geschoben. Das Papier raschelte. Mit dem Päckchen in der Hand wäre er nicht durchs Dorf gegangen.

Adam läutete. Wie erwartet: sie kam selbst an die Haustüre, machte ein großes Hallo. Sie zerrte ihn übertrieben munter in den Wohnraum. Er mußte sich gleich zu Tisch setzen. Lydias Mutter trug das Kunstwerk eines Kuchens, mit neun Kerzen garniert, herein. Sie begrüßte Adam und schüttelte ihm die Hand, daß sie knackte, lachte dröhnend. Die Gläser auf dem Büfett klingelten. Er hatte doch gar keinen Witz gemacht oder etwas Komisches getan! Sie lasse sie jetzt allein, sagte sie bedeutungsvoll, zwinkerte und rauschte hinaus. Sie war wie Lydia.

Adam wäre am liebsten wieder umgekehrt. Letztes

Jahr hatte Lydia immerhin noch Fritz eingeladen. Wenn Adam nicht alles täuschte, war er diesmal der einzige Junge unter fünf Mädchen. Nicht einmal den wundervollen Kuchen konnte er in Ruhe genießen. Er blieb ihm noch im Halse stecken! Lydia wünschte bereits, daß die Plätze gewechselt würden. Sie schickte Lilian, die neben ihr saß, fort. Sie mußte mit Adam tauschen. Die Mädchen sahen ihn an, als wäre er nicht ganz gebacken. Lustig machten sie sich über ihn!

Lydia legte die Außenhülle einer Streichholzschachtel auf den Tisch. Adam schielte sie verzweifelt an. Aber Lydia steckte bereits ihre Nase in die Hülse, gab sie, ohne Mithilfe der Hände, an Adams Nase weiter. Zum Glück war seine Nase größer, die Hülse klemmte sich an ihr fest. Lydia ging es ohnehin nur darum, ihre Stirne an seine Stirne zu legen, ihm den Atem ins Gesicht zu blasen. Er gab die dumme Hülse sorgfältig weiter, an Doras Nase. Fiel die Hülse nämlich herunter, begann das Spiel von vorn und er hatte wieder Lydias warmen Kuchenatem im Gesicht.

Adam wunderte sich, daß Lydia die Geschenke nicht auspackte. Offenbar waren ihr die Spiele wichtiger. Sie kam jedenfalls mit einem Halstuch daher. Lilian mußte es ihr um den Kopf binden. Der Witz des Spieles bestand darin, blindlings Menschen zu erkennen. Lydia wurde um ihre eigene Achse gedreht, damit sie die Orientierung verlor. Auf wen steuerte sie dennoch schnurstracks zu? Auf Adam, wen sonst! Sie strich ihm übers Haar. Das hätte genügt, ihn zu erkennen. Eine

Weiberfrisur hatte er schließlich nicht. Aber sie fummelte unbeirrt weiter an ihm herum, tastete über sein Gesicht, den Armen entlang, hinunter, wieder hinauf. Sie besann sich noch, die Heuchlerin und schrie überrascht seinen Namen in die Stube. Adam bekam nun das Tuch umgebunden, blinzelte unten durch einen Schlitz und wählte aus Rache Lilians Gesicht zum Ertasten. Lilian gefiel ihm einigermaßen. Aber Lydia brach das Spiel augenblicklich und eigenmächtig ab. Sie befahl, »Liebe Katze, böse Katze« zu spielen. Man mußte den Kopf in den Schoß eines Mitspielers legen und so lange maunzen, bis der andere in Lachen ausbrach. Sobald Lydia den Kopf vergraben hatte, wollte sich Adam verdrücken. Der Träumer! Lydia drückte den Kopf in *seinen* Schoß, nagelte ihn auf dem Stuhl fest. Natürlich preßte er sein Lachen schon nach dem zweiten idiotischen Gemaunze heraus, obwohl ihm bald mehr ums Heulen war.

Endlich, endlich fiel Lydia über die Geschenke her, riß die Bändel von den Paketchen. Adam hätte nach empfangenem Dank Abschied nehmen können, wenn Lydia aus dem Geschenkauspacken nicht flugs ein Pfänderspiel gemacht hätte. Der Mitspieler, der das Geschenk mitgebracht hatte, mußte schweigen. Die Übrigen rieten, was im Papier lag. Wer falsch riet, gab ein Pfand ab, mußte beim Einlösen jemand auskitzeln, aus dem Fenster schreien: »Ich liebe Lydia« oder sonst eine himmelschreiende Albernheit befolgen.

Adams Scherzbrille hätte beinahe Lydias Pläne

durcheinandergebracht. Sie kreischte, warf den Stuhl um. Die Brille war tatsächlich zum Fürchten. Auf die Gläser waren Augen aufgemalt. Die Lider waren vernarbt, wie nach einer total verpfuschten Operation. Wenn man den Kopf nur leicht bewegte, riß sich ein Auge weit auf, das andere kniff sich böse zusammen. Lydia setzte die Brille auf und wollte unerbittlich das nächste Pfand ausgelöst haben. Dora, der wunderbarerweise jede Phantasie abging, schlug vor, der Einlöser müsse dreimal ums Haus rennen, dabei wie ein Hahn krähen. Aus Lydias sich widerwillig öffnenden Hand quoll Adams Taschentuch hervor. Sein Pfand!

Er rannte auch nicht eine Runde ums Haus, von Hahnenschreien ganz zu schweigen. Er wählte auf der Rückseite des Hauses den kürzesten Fluchtweg, geradeaus unter dem Zaun hindurch und über den Bahndamm. Das Taschentuch, vom Schuheputzen schwarz und fettig, konnte sie seinetwegen als zweites Geburtstagsgeschenk behalten.

Kaninchenställe

Daß ihm Anna eines Tages auffiel, wunderte Adam. Anna war das unauffälligste, stillste aller Mädchen. Sie kam Adam vor wie ein Schatten, der kam und ging, ohne Geräusche, ohne Aufhebens. Sie trug immer dunkle Kleider, obwohl in ihrer Familie niemand gestorben war. Jetzt im Winter waren Mütze und Handschuhe schwarz, das gestrickte Halstuch grau. Adam vermutete, daß dunkle Wolle billiger war.

Er saß hinter ihr, allein. Weil sein Banknachbar krank war, beobachtete er das Treiben der Kinder vor sich. Zum ersten Mal stellte er fest, daß Anna nichts trieb, keinen Unfug, keine Kindereien. Sie arbeitete, war still und fleißig, kümmerte sich um niemanden, niemand kümmerte sich um sie. Sie war ausgeschlossen, aber Adam wollte das ändern. Er behielt sie auch in der Pause im Auge, sah, daß sie nichts aß. Eigentlich machte sie überhaupt nichts, nahm an keinem Spiel teil. Sie wartete, bis die Pause vorüber war.

Am nächsten Tag brachte er ihr ein Butterbrot. Das ging keinen etwas an. Er schlich als erster ins Zimmer, legte das Brot unter ihre Bank. Sie mußte es sehen, wenn sie die Bücher ins Fach legte. Sie sah es auch, schaute sich unsicher um. Adam nickte. Sie wandte sich abweisend ab. Sie aß das Brot nicht, ließ es an der Wand des Bankfaches liegen. Am folgenden Morgen legte er eine Semmel ins Fach. Anna nahm sich nicht

einmal mehr die Mühe, nach dem Spender zu forschen. So hielt sie es auch mit dem Mandelbrötchen, das der Semmel folgte.

Adam fand sich mit Anna immer weniger zurecht. In der Pause ging er an ihr vorüber, sah sie Stücke von einem Apfel abbeißen. Sie hielt ihn vor sich hin, auf ihn deutend. Wollte sie lieber einen eigenen Apfel essen statt geschenkter Brote? Und weshalb war ihr das so wichtig?

Sie hatte nun seit ein paar Tagen in jeder Pause ihren Apfel gegessen. Die kurze Beziehung, die sie dank der Brote gehabt hatten, wäre zu Ende gewesen. Adam wollte aber endlich mehr wissen. Er ging nach der Schule zu ihr, nahm seinen Schlitten mit. Hinter Annas Haus war ein steiler Weg mit festgetretenem Schnee. Anna war erstaunt, sagte, sie hätte noch Arbeiten zu erledigen. Sie schien eine Spur von Freude zu empfinden, aber auch ein wenig Mißtrauen. Adam ließ sich nicht abschrecken. Eine Stunde später klopfte er wieder bei ihr an. Sie kam. Er hatte einen Zweiplätzer. Adam nahm hinter ihr Platz, steuerte. Sie fuhren mit dem Schlitten, ohne viel zu reden, bis der Vater von der Fabrik heimkam.

Adam holte sie mehrmals ab, pünktlich eine Stunde nach Schulschluß. Schließlich erschien er wieder einmal früher und schlug Anna vor, ihr bei ihrer Arbeit zu helfen. Sie ging mit ihm in einen kleinen, windschiefen Holzanbau. Nebeneinander und übereinander standen darin Kaninchenställe. Die einen waren mit einzelnen

Tieren besetzt, andere mit zweien oder von Müttern mit Jungen bewohnt. Anna öffnete die Ställe, räumte sie aus, legte frisches Stroh, Heu und Wasser hinein. Nachher ließ sie Adam allein. Sie müsse jetzt noch im Haus etwas besorgen. Da stand er jetzt wieder! Und gerade in der Stube hätte er sich gerne einmal umgesehen. Von draußen hatte er schon beobachtet, daß ihr Vater, der allerdings ein langer Mann war, in dieser Stube gebückt umherging.

Das gemeinsame Ausräumen der Ställe, das Versorgen der Kaninchen war zu einer alltäglichen Gewohnheit geworden. Ebenso hatte sich Adam angewöhnt, eine mit Heu gefüllte Schachtel auf den Schlitten zu laden. Seit er nämlich Annas kläglichen Heuhaufen gesehen hatte, befürchtete er, die Kaninchen könnten bis zum Frühjahr verhungern. Sie selbst hatten in der Scheune einen mächtigen Heustock, der für sieben Kühe reichte. Das bißchen, das er davontrug, fiel nicht auf. Als er die Schachtel zum ersten Mal ausgepackt hatte, war Annas Blick merkwürdig ungehalten gewesen, wie damals, als er ihr ein Brot schenkte. Er entnahm ihrem Verhalten, daß sie kein heimlich entwendetes Heu wollte. Er fragte deshalb die Mutter um Erlaubnis und bekam sie auch. Das schien Anna zu beruhigen, auch wenn sie ihm nie dankte, und nach ein paar Tagen sagte, sie brauche wirklich kein weiteres Heu. Sie nahm ihn sogar ins Haus. Adam sah, daß sie stricken mußte, jeden Tag dreißig Nadeln und an einer Jacke, die schwarz war. Sie nahm die Wolle von einem alten gestrickten Rock der Mutter ab. Die Stube war tatsächlich sehr niedrig. Adam konnte die Decke mit ausgestrecktem Arm beinahe berühren. Der Boden war nackt, ohne Teppich. Auf dem Tisch lag ein Wachstuch. Sonst stand nur noch ein Schrank in der Ecke.

Eine Woche später klopfte Anna an Adams Haustüre. Sie kam zum ersten Mal zu ihm, und erst als es dunkel war. Adam wollte sie in die Stube führen, aber sie blieb draußen stehen, unter der Ganglampe. Erst jetzt bemerkte er, daß sie seine Heuschachtel bei sich trug. Sie wollte doch hoffentlich nicht das Heu nach und nach zurückbringen!

Sie stellte die Schachtel auf den Boden, schlug die Deckelklappen aus: Auf einem Heupolster duckte sich ein kleines Kaninchen. Anna hörte überhaupt nicht auf Adams sich überschlagende Freudenausrufe. Sie war mit einem Mal sehr gesprächig, schärfte ihm wiederholt ein, wie er das Tier füttern und pflegen solle. Er könne aus einer Kiste einen Stall machen. Ihr Vater würde ihm helfen, wenn Adam nicht weiterkäme.

Adam versuchte, sie festzuhalten. Aber sie ging. Er sah noch, wie sie um die Ecke hüpfte und vor sich hinsummte.

Die schwarzen und die weißen Tasten

Auf dem Kies lagen aufgeplatzte Kastanienschalen. Der Schulwart wischte Blätter zusammen. Im Schulzimmer war zum ersten Mal geheizt. Adam schnupperte: Es roch nach Ölfarbe. Immer wenn das heiße Wasser im Herbst zum ersten Mal durch die Heizröhre floß, roch es nach Farbe. Er fühlte sich von der Wärme eingepackt, hätte sich am liebsten zusammengerollt, sich an jemand gekuschelt und lange geschlafen. Aber die Lehrerin war dagegen. Sie saß am Klavier, hatte die Schüler zum Gesang hinter ihrem Rücken versammelt. Sie war unausstehlich, wenn sie Klavier spielte. Sie hatte Angst, den Überblick zu verlieren, weil sie – wie sie manchmal sagte – am Rücken keine Augen hätte. Ihr Geschimpfe gefiel Adam nicht. Jetzt spielte sie. Sie spielte gut, antreibend, mitreißend. Das gefiel ihm. Er zählte auf den schwarzen und weißen Tasten ab: »Ich mag sie, mag sie nicht, mag sie...« Er mochte zum Beispiel den enggestrickten Wollpullover, den sie heute trug. Er hatte einen Rollkragen und machte die Brüste straffer. Sie sah weniger ältlich aus als sonst.

Adam schrieb jetzt, alle schrieben. Die Lehrerin trat ihren Kontrollgang an, stand neben Adam, eine Hand auf die Bank gestüzt. Die Hand war weiß und auffallend fein. »Wie mit Glaspapier abgerieben«, dachte Adam. Die Hände der Lehrerin stießen ihn ab, sie waren wie Wachs. Die Lehrerin blätterte eine Seite zurück, nahm ihre Kontrolle wie immer genau. Adam schielte über die Bankkante hinunter. Ihre Waden mochte er besser, sie waren prall, schön geschwungen, aus warmem Fleisch. Eine Fliege lief den Seidenstrumpf hoch, verschwand unter dem Rock. Die Lehrerin hob das linke Bein an und rieb es am rechten. Sie erhob ihre Stimme, regte sich auf. Adam hatte hundsmiserabel geschrieben, der Schluderer und Schmierer! »Heiliger Strohsack! Man könnte alle Wände hochgehen!« Ihre Stimme war giftig.

»Dann geh doch endlich!« dachte Adam grollend, »und wenn du zur Decke kommst, fallen dir die Röcke über den Kopf, und alle sehen, daß du ungewaschene Hosen hast!« Sie ging aber nur zur nächsten Bank, hatte sich wieder beruhigt. Adam betrachtete ihr Gesicht von der Seite. Ihre Nase war spitz. Ihm fiel ein, daß die Lehrerin ledig war. Vielleicht war die Nase schuld, daß sie keinen Mann gekriegt hatte.

Sie setzte sich vorn an den Tisch. Weil alle schrieben, konnte sie sich in Ruhe auf die nächste Stunde vorbereiten. Adam beobachtete aber, daß sie die Hefte und sich vergaß. Ihre Blicke schweiften genauso aus dem Fenster wie die müßiger Kinder. So mochte er sie wieder. Ihr Ausdruck war milder. Adam hätte sie gern ganz, unbedingt geliebt, es wäre ein Grund mehr gewesen, sich auf den Unterricht zu freuen. Er begann sorgfältig zu schreiben, regelmäßiger, wurde frühzeitig fertig mit seiner Arbeit. Er trug das Heft freiwillig nach vorn, legte es vor die Lehrerin hin. Sie nahm den

Korrigierstift. Adam schmiegte sich unauffällig an sie, so, daß sie es gar nicht merkte. Er zog vorsichtig die Luft hoch. Die Lehrerin roch nach Trauben. Adam konnte sich nicht erklären warum, aber sie roch das ganze Jahr hindurch nach Trauben, nur etwas bitterer. Ihre Hüfte war weich und warm. Die Lehrerin hatte ihre Milde bewahrt, war zufrieden mit ihm, lobte ihn gar, was selten vorkam.

Adam kehrte zu seiner Bank zurück und freute sich auf die Kastanien, die der Wind unterdessen vom Baum geschüttelt hatte.

Pinocchios Nase

Zum ersten Male wartete Rita nicht auf ihn. Adam glaubte noch zuversichtlich, es müsse ein Irrtum sein. Ihr Bruder indessen, der Adam ausrichtete, sie sei nicht daheim, zeigte ein Grinsen, das Adam nicht gefiel: ein schadenfrohes.
Er setzte sich auf die Treppe vor ihrem Hauseingang. Einmal mußte sie zurückkommen. Sie öffnete aber plötzlich die Tür, zischte: »Hau ab, du!« und schmetterte die Türe ins Schloß.
Sie jagte ihn fort! Sie hatte den Bruder vorgeschickt, um zu lügen! Sie hatte nicht einmal erklärt, warum sie ihn zum Teufel wünsche. Nichts hatte er ihr angetan. Null und nichts! Er hoffte, der Boden würde sich öffnen und ihn verschlingen. Es lief aber nur ein Käfer aufreizend munter über die Pflastersteine, ohne Mitgefühl für sein Elend. Mit der Schuhspitze stieß er nach ihm. Der Käfer fiel auf den Rücken, zappelte. Adam ging es schließlich nicht besser. Sogar die Sonne verspottete ihn, strahlte feiertäglich. Kälte und Schnee hätten besser zu Ritas Herz gepaßt.
Er ging, hielt sich zum zehnten Mal vor, daß nur Verbrecher und Nichtsnutze von ihren Frauen verlassen würden. Er hatte niemand überfallen. War er aber etwa ein Nichtsnutz, ohne es selbst zu merken?
Er betrat sein Haus, stolperte über die Schwelle. Im Fallen riß er einen Geranienstock vom Sims. Die Erde

und die Blüten verstreuten sich über den Boden. Adam nahm dieses zweite Unglück bereits als gewohnten Schicksalsschlag hin. Alles und alle waren gegen ihn. Hatte ihn Rita verlassen, weil er ein Tolpatsch war, der an jeder Türschwelle hängen blieb? Die Mutter trällerte in der Küche. Adam stutzte. Wann kam das schon vor? Auch sie verhöhnte ihn. Er mußte etwas an sich haben, das die Menschen reizte, ihn zu demütigen. »Hat der Kleine im Sand gespielt? Er hat schmutzige Hände«. Jetzt mußte auch noch der Bruder foppen! Und zu allem Überdruß sagte die Mutter am Tisch: »Iß, so wird was aus dir!« So war das also? Er war nichts?

Er ging ins Elternschlafzimmer, stellte sich vor den Spiegelschrank. Es wunderte ihn nicht, daß ihm ein blasses Gesicht entgegensah. Aber der Spiegel war wenigstens ehrlich, zeigte, was Adam war: ein häßlicher Zwerg. Wer außer ihm hatte derart scheußlich in die Stirne franselndes Haar? Adam nahm Mutters Kamm, machte die Haare naß, kämmte den größeren Haarteil nach rechts, den kleineren nach links. Das ergab einen geraden Scheitel, nur standen jetzt plötzlich die Ohren ab, gleichsam rechtwinklig zum Kopf. Adam kämmte das Haar rückwärts über den Schädel. Jetzt war die Stirne zu hoch! Und die Nase sprang ellenweit vor. Der reinste Pinocchio!

Adam fand sich damit ab, daß nicht viel zu retten war. Immerhin zog er noch das Hemd aus, aber nur, um aufs neue zu erschrecken. Er konnte die Rippen einzeln zählen. Auch die Schultern waren knochig. »Iß, so wird etwas aus dir!« Ha, bis es so weit war, hatte Rita längst einen fetteren genommen!

Die Vorstellung vom Dicken, Starken ließ Adam plötzlich wütend werden. Er war zu gut gewesen mit Rita! Nicht fetter mußte er werden, sondern streng und unnachsichtiger. »Adam, Besuch!« Die Mutter rief. Draußen stand Rita. Sie biß sich auf die Unterlippe und wagte ein verlegenes Lächeln. Hübsch war sie, lieb. Adam zog die Brauen zusammen und zischte: »Hau ab, du!« Er schlug ihr die Tür vor der Nase zu.

Tropfende Bäume

Sie hatten eine arbeitsreiche Woche hinter sich und gehofft, wenigstens am Samstag keine Verpflichtungen zu haben. Aber der Vater bestand darauf, daß sie die Birnen zusammenlasen. Die Birnen wären sonst verfault, denn es regnete seit Tagen. Und wenn der Vater auf einer Arbeit bestand, hielt auch die Mutter unerbittlich dazu an.

Der Bruder riß den Leiterwagen aus dem Schuppen. Der Wagen sprang über die Schwelle. Die Schwester warf mit einem Ausdruck des Ekels die feuchten Jutesäcke in den Wagen, und Adam schimpfte: »Keinen Hund schickt man bei diesem Wetter hinaus, nur uns!« Der Bruder sah den Kleinen respektvoll an: So war es genau! Die Schwester schauderte: »Wenn du unter den Bäumen stehst, tropft es dir aus den Ästen in den Kragen.« – »Und das nasse, kalte Gras! Wenn du hineingreifst, hast du steife, blaue Finger«, jammerte der Bruder. Sie waren sich einig. Das war ein erster Trost. Und daß sie unter sich waren, war ein zweiter. Im Haus wurden sie immer beaufsichtigt. Fehlte die Mutter aus irgend einem Grund, nahm eine Tante ihre Stellung ein. Selbst bei den Arbeiten auf dem Feld wurden sie bewacht.

Sie rannten. Eines von ihnen setzte sich in den Wagen. Zwei zogen. In den Kurven beschleunigten sie das Tempo, bis der Wagen auf zwei Rädern stand und doch nicht umkippte. Das machte sie munterer. Nur jetzt, da sie unter den Bäumen standen, fluchte der Bruder wieder: »Komm, wir hauen ab, das schaffen wir nie!« Der Boden war dicht übersät von kleinen, mickrigen Mostbirnen. Man mußte sich hundertmal bücken, bis man nur einen Korb voll hatte. Die Schwester, wie immer die Vernünftigste, sagte: »Nein, wir schuften wie die Besessenen, dann bleibt uns noch Zeit für die Kiesgrube.«

Sie warfen die Birnen in die Körbe. Lange hörte man nichts als ihr Keuchen. Dann begannen sie sich aufzumuntern: »Wieder ein Korb gefüllt!« – »Der zweite Sack ist voll!« Adam versuchte mitzuhalten. Obschon er seinen Korb immer später leerte als die Geschwister, lobten sie ihn.

Nach zwei Stunden hatten sie die Birnen weggeräumt. Nicht ohne Stolz betrachteten sie die vier prallen Säcke.

Sie liefen zur Kiesgrube hinüber. Das Regenwasser hatte in ihr einen See gebildet. Tief war er nicht, aber breitflächig und weit verzweigt. Buben hatten ein Floß aus Brettern zusammengenagelt. Sie packten die langen Stangen am Ufer. Der Bruder stieß ab. Sie faßten sich in der Mitte des Floßes an den Schultern, spreizten die Beine. Der Bruder bekam so besseren Halt. Erst als er das Floß in den See hinaus manöveriert hatte, begannen sie hin und her zu laufen. Die Kunst bestand darin, das Floß in Schräglage zu bringen, ohne daß sie ins Wasser fielen. Wenn es schief stand, versanken sie knöcheltief im Wasser. Aber sie hatten ja schon für die Birnenlese Stiefel getragen.

Sie begannen zu frösteln, vertäuten das Floß und eilten in den Wald. In einer Lichtung war der Heuschober des Wildhüters. Sie gruben sich in das Heu ein, bis unter die Arme. Nach und nach wurde es ihnen warm. Sie machten das Heiratsspiel. »Ich werde einmal eine Frau heiraten«, begann der Bruder, »die mir morgens das Frühstück ans Bett bringt: Butterzopf, Eier mit Bratspeck. Mittags legt sie mir eine zweiseitige Speisekarte auf den Tisch. Und ich kann auswählen, was mir gerade schmeckt. Abends zieht sie mir die Stiefel aus. Und wenn ich Zeitung lese oder Radio höre, löffelt sie mir heiße Schokolade ein, wischt mir den Mund ab und rollt mich später ins Bett.«

»Gut«, sagte Adam, »aber du wirst immer dicker und am Ende ein fetter Kloß werden, der sich nicht mehr bewegen und kein Geld mehr verdienen kann. Und die Frau wird dir davonlaufen.«

»Da wird's mir besser gehen«, fuhr die Schwester weiter. »Ich werde einen Mann heiraten, der für alle Arbeiten eine Maschine erfindet. Ich brauche zum Beispiel beim Erwachen nur auf einen Knopf zu drücken, schon wird mir eine Anziehmaschine die Strümpfe über die Beine hoch rollen. Gleichzeitig wirft sie mir den Rock über den Kopf und bindet die Schuhe, fegt außerdem die Zähne. Selbst wenn ich mich schneuzen muß, wird mir ein Apparat die Nase putzen.«

»Gut«, sagte der Bruder, »aber eines Tages wird dein Mann aus Versehen die Drähte falsch anschließen. Die Maschine wird dir die Strümpfe über den Kopf ziehen, putzt mit dem Rock deine Nase und mit der Schuhbürste die Zähne.«

»Das kann mir nicht passieren«, rief Adam. »Ich werde zwei Frauen heiraten. Die eine kann Gedankenlesen. Ich muß nicht einmal aussprechen, was ich mir wünsche. Und die zweite wird alles spüren. Wenn ich traurig bin, wird sie mich trösten, wenn ich wütend bin, wird sie mich besänftigen.«

»Gut«, sagte die Schwester, »aber die zwei Frauen werden aufeinander eifersüchtig werden. Die Gedankenleserin wird nur noch darauf achten, was die andere denkt. Und die Spürerin wird nur noch aufpassen, was die erste fühlt. Und du wirst von keiner mehr etwas haben.«

Es dämmerte. Sie zogen den Leiterwagen auf Umwegen nach Hause, damit sie schön naß waren, wenn sie daheim ankamen. Die Hände waren rot, die Kleider tropften. Die Mutter lief eifrig hin und her, brachte trockene Socken, zog ihnen dicke Pullover über. Sogar das Essen schob sie in ihre Nähe. Und der Vater rollte an ihrer Stelle die Säcke unters Dach.

Das Weltreisespiel

In der Estrichkammer, abgesondert von den Wohnräumen, roch es nach Moder und Staub. Adam mochte den Geruch nicht. Er nahm ihn nur in Kauf, weil er hier gut geschützt war, verschanzt, unerreichbar. Er stand am Fenster. Er wußte, ohne hinzusehen, wo in der Holzwand des Nachbarhauses im dritten Brett von rechts ein Astloch war. Drei Häuser weiter saß knapp unter dem First ein Ziegel schief, und vom Zifferblatt der Kirchenuhr lief eine rostrote Wasserader der Mauer entlang. Manchmal gefiel ihm dieses Vertrautsein mit allen Dingen: Den Dorfbach konnte er mit geschlossenen Augen überspringen, er hatte die Sprungweite im Gefühl. In der Dunkelheit stolperte er nie in die Löcher seiner Schleichwege. Aber es war auch langweilig, alles auswendig zu kennen. Er bückte sich und holte unter dem alten, ausgedienten Bett sein Buch hervor. Es war stockfleckig und groß, ein Fundstück aus einer Ramschkiste.

Adam öffnete es an der Stelle, wo er den Bleistift hineingelegt hatte. Vor dem Bleistift waren die Seiten des Buches mit altdeutscher Schrift ausgeschrieben. Hinter dem Bleistift waren die Seiten leer, und dort, wo er lag, zogen sich seltsame, birnenförmige Gebilde über die Seiten. Sie stellten die nordischen Staaten dar. In der Schule hing seit Tagen eine Weltkarte. Adam prägte sich jeden Tag ein paar Länder ein, ihre Form, die Lage der Hauptstädte. Er zeichnete sie ins Buch. Mit dem Bleistift zog er verschlungene Reisewege kreuz und quer durch die Länder und stellte sich vor, was er auf ihnen erlebte.

Draußen hörte er Schritte. Adam legte den Bleistift weg, schaute durchs Fenster. Er sah seinen Nachbarn hinter einer Hausecke hervorkommen, zwei Hauswände entlang gehen, links abbiegen, verschwinden. Auch das wußte Adam: Der Mann kam aus seiner Werkstatt, ging in die Wirtschaft, wie jeden Tag. Zu einer bestimmten Stunde legte er den Weg in umgekehrter Richtung zurück. Und die beiden Frauen auf der Straße trafen sich ebenso jeden Tag zur selben Zeit, am selben Ort, schwatzten über die immer gleichen Vorfälle. Nichts veränderte sich.

Adam bückte sich zum zweiten Mal, zog die alte Karte des Dorfes hervor. Auch sie hatte er im Estrich gefunden. Sie war so umfangreich, daß sie den ganzen verwurmten Tisch abdeckte. Adam hatte sie überklebt: mit ausgeschnittenen Bildern aus Illustrierten, Prospekten, Kalendern. Vor lauter Bildern sah man das Dorf nicht mehr. Auf Hügeln standen Burgen, Schlösser, Kathedralen, Wolkenkratzer oder Alphütten. Im Tal segelten Boote auf Seeausschnitten. Fähren verbanden die Ufer, und schaukelnde Hängebrücken nahmen den Verkehr sämtlicher Bahnen auf, die er gesammelt hatte. Links und rechts der Gewässer hatte er Großstadtausssschnitte aufgeklebt, nächtliche Straßen mit unzähligen Leuchtreklamen von Kinos, Theatern, Restaurants. In die Wälder an den Abhängen zum Tal waren Zoogehege und Wasserfälle hineinmontiert. Und alle diese Attraktionen hatte er genau wie im Länderbuch mit Linien verbunden, kleine kreisförmige Stationen gemalt und Nummern danebengesetzt. Das Ganze war ein Reisespiel.

Adam nahm zwei Mensch-ärgere-dich-nicht-Figürchen, sie vertraten die beiden draußen schwatzenden Frauen. Er stellte ein Schach-Bäuerchen daneben, das war der Nachbar. Adam ließ den Würfel kollern. Es war gleichgültig, wie schnell sie vorwärts kamen und wer zuerst ein Endziel erreichte. Adam war viel mehr gespannt, wohin sie sich bewegten und freute sich mit ihnen, denn es war überall kurzweilig.

Als Adam die Lust am Spiel verlor, befand sich eine der »Frauen« in einer Bar der nächtlichen Hauptstraße, die zweite stand in der Fähre auf dem Fluß, und der »Nachbar« saß im Flugzeug, das Adam auf eine Wolke geklebt hatte.

Adam guckte wieder aus dem Fenster. Die beiden Frauen schwatzten noch am selben Ort und schienen kein Verlangen zu haben, etwas anderes zu erleben, als sie eben jetzt erlebten. Der Nachbar schritt seinen Weg zurück. Er sprach vor sich hin, unzufrieden. Und einen Stein, der ihm gewiß schon zehnmal im Weg gelegen hatte, trat er heute mit einem zornigen Fußtritt weg. Adam lächelte. Der Nachbar wäre sicher froh gewesen, im Flugzeug zu sitzen und vielleicht nie mehr zurückzukehren. Wenn Adam erwachsen war, wollte er dafür sorgen, daß dieses kleine, immergleiche Dorf genauso wurde wie auf seinem Reisespiel. Die Leute würden ihm auf einem Steinsockel ein Denkmal errichten, ihn selber aus Stein heraushauen und mit Blumenrabatten umgeben. Sie würden ihn lieben, obwohl er schon tot wäre.

Eine Berg- und Talfahrt

»Sie stinken«, sagte Fritz. Er war mit Adam auf dem Weg zum Herbstmarkt.

»Und wie sie stinken!« Adam schüttelte sich. »Das kommt vom zu vielen Waschen.«

»Die Pest ist ein Wohlgeruch, verglichen mit den Weibern.« Fritz täuschte vor, in Ohnmacht zu fallen. »Wenn mir eine zu nahe kommt, klemme ich mir die Nase zu.«

»Wie?« Adam kicherte. »Den vollen Weibergestank ziehst du hoch und verdrehst begeistert die Augen.«

Fritz boxte: »*Du* schnüffelst wohl hinter ihnen her.«

Adam boxte zurück: »Nie im Leben, und wenn ich's bezahlt kriegte.«

Sie gingen auf der Landstraße. Märkte gab es nur im Nachbardorf. Auf dem Flußdamm ging Rita. Adam mochte sie so gut riechen, daß er sich verabredet hatte, mit ihr auf der Berg- und Talbahn zu fahren. Aber das brauchte er Fritz nicht unter die Nase zu binden. Sie tauchten unter, in den Strom der Marktgänger. Fritz blieb an der erstbesten Schießbude hängen. Nett von ihm. Adam war frei. Er sah Ritas rote Stiefel, noch bevor er zur Bahn kam. Sie stand vor einer Auslage, Blicke und Verlangen auf einen Ring gerichtet. Auf dem Jahrmarktgold funkelte ein Jahrmarktrubin. Sie zögerte. Wahrscheinlich ging der Ring über ihre Verhältnisse. Auch Adam überschlug: Kaufte er ihn und hielt er das Versprechen der Berg- und Talfahrt, reichte es gerade noch für Zuckermandeln. Na ja, »Frauen kosten« hatte der Vater schon manchmal gesagt. Adam sah sich um: »Geben sie mir den Ring«, sagte er und hüstelte. Zwei Mädchen glotzen ihn an und stießen sich mit den Ellenbogen. Rita schoß das Blut zum Kopf. Und er hatte nun einen Ring in der Hand und wußte nicht, wohin damit. Ihn auf offener Straße an ihren Finger zu stecken, ging ihm zu weit. Außerdem hatte sie sich zum nächsten Stand abgesetzt.

Sie trafen sich wieder auf der Plattform der Bahn, setzten sich in einen der Polstersitze, klappten die Sicherheitsstange hoch. Die Bahn drehte sich auf einer schiefen Ebene, die sich in raschem Wechsel hob und senkte. Der Fahrschwung preßte Rita in die Polsterecke. Die Kippbewegung warf ihn an ihren Körper. Er suchte ihre Hand, drückte den Ring hinein, umschloß ihn mit ihren Fingern.

Die Fahrt verlangsamte sich. Die Bubenbande auf der Plattform bekam genaue Umrisse: Adams Bande, allen voran Fritz. Sie bogen sich vor Lachen, stachen mit den Fingern in die Luft, klopften sich auf die Schenkel. Rita wollte aussteigen. Er zog sie zurück, löste für die nächste Fahrt, der Bande zum Trotz. Die Umgebung verschwamm wieder. Sie schlossen die Augen, ergaben sich dem schwindelnden Aufstieg, ließen sich ins Leere fallen. Aber das dauerte viel zu kurz. Ewig hätte die Bahn fahren sollen. Aber sie hielt an. Die hämische Bubenbande öffnete ihnen eine

Spießrutengasse. Ein Bein schnellte vor. Adam stieg beherrscht darüber. Auf der Straße angekommen, packte er Ritas Arm, rief: »Los!« Sie schlüpften ins Menschengeschiebe, entkamen durch eine Seitengasse.

Sie erreichten den Flußdamm keuchend, aber erleichtert. Rita teilte ihre Zuckermandeln. Sie streckte die Hand vor, spreizte die Finger. Der Ring stand ihr gut. Als die Buben aus dem Gebüsch brachen, erschraken sie. Eugen, der Anführer, sperrte Adam den Weg ab. »Laß das Stinkweib laufen! Entweder du gehörst zu uns, oder du gehörst zu ihr! Entscheide!« Sie wußten, daß er die Bande brauchte. Und sie merkten wohl auch, daß er Angst hatte. Sie waren zu fünft. Aber hatte er Rita zufällig zur Bahnfahrt eingeladen, ihr umsonst einen Ring geschenkt?

Adam ermannte sich: »Ihr könnt mich!« faßte Rita um die Schultern, drehte sie um und schritt mit ihr davon. Darauf waren sie nicht gefaßt gewesen. Er hörte Eugen spucken. Dann flog ihm ein Holzstück am Kopf vorbei. Sie schrien: »Mädchenriecher, Weiberkriecher!« Aber sie ließen ihn ziehen.

Rita stopfte ihm die Zuckermandeln in den Hosensack. Sie holte tief Atem und seufzte. Das war nun wohl Liebe. Auf der Brücke trennten sie sich. Als sich Adam abends auszog, hatte er den Eindruck, etwas von Ritas Geruch sei an ihm haften geblieben: an den Händen, am Hals. Er verzichtete darauf, sich zu waschen.

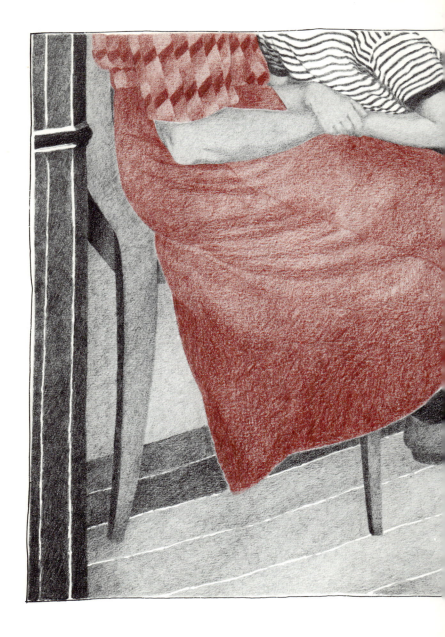

Kräuselhauben und Backenbärte

Es tat ihm nichts weh, nur ein fiebriges Gesicht hatte er und war so müde, daß er alles mit sich geschehen ließ. Die Mutter bettete ihn auf das Sofa in der Stube. Sie wollte nicht ununterbrochen treppauf, treppab keuchen. Adam versank im Kissen. Über ihm waren die schwarzen, ovalen Rahmen. Er schloß die Augen. Schlafen konnte er allerdings nicht. Das Fieber spannte seinen Körper, wälzte ihn hin und her, brannte in seinem Kopf. Also hielt er die Augen lieber gleich offen. Er faßte die Rahmen ins Auge, blinzelte die Figuren darin an. Links – von ihm aus gesehen – hingen die Männer, einer ausgerichtet unter dem andern. Seine Ahnen. Sie trugen Backenbärte oder Kinnbärte, Schnurrbärte oder Kinnbärte *und* Backenbärte. Sie hatten ihre Frauen neben sich. Sie trugen gekräuselte, gestickte, bebänderte Hauben. Die Großmutter war die erste gewesen, die keinen Kopfputz trug, einfach das Haar glatt nach hinten gekämmt hatte.

Die Männer und Frauen waren ausgeschnitten: Brust, Schultern und Kopf hoben sich von einem weißen Hintergrund ab. Keine und keiner lachte. Sie hatten nachdenkliche, ja, strenge Gesichter.

Die Mutter stellte den dampfenden Tee neben das Sofa auf einen Stuhl. Sie bemerkte, daß Adam seine Vorfahren betrachtete und sagte: »Der oberste mit dem Backenbart ist Müller gewesen und Steuereintreiber, dazu Fähnrich.« Ja, doch, Adam wußte es bereits. Aber die Mutter war ins Schwärmen geraten: »Und der darunter, dein Ururgroßvater, hatte sich als Bauer, Weber, Sigrist und Schulverwalter hervorgetan. Tüchtige Männer!«

Wäre Adam nicht müde gewesen, hätte er sich aufgeregt. Die Mutter strich die Tüchtigkeit dieser Männer heraus wie ein Händler, der seine Ware anpreist. Sie hob sie, weiß Gott warum, in den Himmel! Als ob die's noch nötig gehabt hätten! Er hatte das Gefühl, ein Niemand zu sein. Wie sollte er einmal drei oder vier Berufe und Ämter gleichzeitig bewältigen?

Die Lider fielen ihm wieder zu. Er sah sich in einem Zirkus. Fünf große, tüchtige Männer sprangen auf ein Schleuderbrett und vom Brett dem nächsten auf die Schultern. Adam, der Kleinste, stand zuunterst, sollte sie alle tragen. Er knickte ein, der Männerturm fiel zusammen. Adam dachte, daß er bestenfalls als Clown zu gebrauchen sei.

Die Mutter hatte unterdessen die Männer von oben bis unten durchgelobt, Stolz in der Stimme, Glanz in den Augen. Sie rührte den Tee um. Adam hielt ihr Schweigen für eine Pause, wartete auf die Frauengeschichten. Aber die Mutter hatte ihre Erzählungen offenbar abgeschlossen. Sie war im Begriff hinauszugehen. »Und was ist mit den Frauen?« fragte Adam. »Jaaa«, besann sie sich, »im Estrich steht ein Kasten. Du kennst ihn, er ist bemalt und über den Türen steht der Name deiner Ururgroßmutter. Das ist die dritte von oben, jene mit der Kräuselhaube. Und die Kommode hier neben dem Sofa stammt von deiner Urgroßmutter, der zweituntersten.«

Die Mutter ging. Adam hatte nach Frauen gefragt, und ihr waren nur deren Möbelstücke eingefallen. Es mußte doch auch über sie etwas zu erzählen geben: Tüchtiges, Zärtliches, Spannendes.

Adam sah sich selbst an der Wand, zwei Rahmengrößen unter Großmutter und Großvater. Sein Rahmen hatte eine merkwürdige Form, eine quergestellte Acht, ein Doppeloval. Links sah er sich selbst, lachend und zwinkernd. Neben ihm die Frau, welche er einmal heiraten würde. Er sah sie blond, mit langen Haaren. Und unter dem Rahmen stand, was er gewesen war, aber auch, was *sie* vollbracht hatte.

Die Mutter kam mit einem Becken. Das Wasser darin roch säuerlich scharf, und am Grund lagen weiße Socken. Die Mutter wand sie aus und strumpfte sie ihm über die Füße. Alles in ihm zog sich zusammen. Er hatte Angst, das Herz setze aus, als die eiskalten Socken die Fieberhitze angriffen. Dennoch nahm er den überzeugten Ernst in Mutters Gesicht wahr. Er bedeutete: Nur keine Angst, das Fieber wird gleich nachlassen. Die Mutter war befriedigt. Sie hatte getan, was es für Adams Pflege brauchte. Sollte er einmal zu seinen Kindern sagen: »Meine Mutter? Ach jaaa, nun, das Büfett an der Wand, das ist von ihr.«

Der Schutzwall

Adam hatte am Estrichfenster Posten bezogen und beobachtete, wie die alte Meierin aus dem Dorf lief. Es sah mindestens wie ein Laufen aus. Ihre Schritte waren lang und schnell. Sie lief in den Wald mit der Absicht, Holz zu sammeln, wie jeden Samstag, bei jedem Wetter.

Adam hatte sich als kleines Kind vor ihr gefürchtet, sie für eine Hexe gehalten. Dann war er ihr einmal am Waldrand begegnet. Sie hatte sich ausgeruht und Walderdbeeren gegessen. Er wäre am liebsten davongerannt. Aus Furcht, sie würde ihn dann erst recht verfolgen, war er dicht an ihr vorübergegangen und erschrocken, als sie seinen Gruß erwiderte. Jetzt beeindruckte ihn nur noch die Größe und die Kraft, welche der Alten geblieben waren. Die Dörfler allerdings trauten ihr nicht, oder trauten ihr alles zu. Seit vielen Jahren hatte niemand außer ihr selbst einen Fuß in ihr Haus gesetzt. Man wußte nicht, wovon sie lebte. Sie entzog sich jeder anbiedernden Annäherung. Das nahm man ihr übel. Eben vorhin hatte sie ihre Tür wieder sorgfältig und doppelt abgeschlossen. Sie war nicht darauf gefaßt, daß die Gefahr außer Haus lauerte und ihr Holz betraf. Sie sammelte mehr Holz, als sie brauchte, hatte es rund um ihr Haus wie einen Schutzwall aufgeschichtet.

Burschen stießen einen großen Wagen vors Haus.

Sie liefen vom Wagen zum Wall der alten Meierin, rafften Holz zusammen, warfen es in den Wagen. Schulbuben kamen dazu, Adams Freunde, auch kleinere Kinder. Adam wußte, warum sie mithalfen. Es ging keineswegs nur um ihren Anteil am hinterhältigen Gaudi – einschmeicheln wollten sie sich bei den Großen. Sie hofften, von ihnen weniger beherrscht oder verprügelt zu werden. Es war ekelhaft, abseits zu stehen. Aber Adams Mitleid mit der alten Frau war größer als die Angst, von den andern geschnitten zu werden, nur weil er nicht mitgemacht hatte.

Adam entdeckte, daß die alte Meierin bereits am Waldrand wieder auftauchte. Sie näherte sich früher dem Dorf, als er erwartet hatte. Auch die plündernde Meute würde überrascht werden. Sie lief auf das Haus zu, den Rückentragkorb mit neuem Holz gefüllt. Sie trug ihn immer noch aufrecht. Jetzt nahm sie das Treiben vor ihrem Haus wahr, stand still, fassungslos. Dann fuhr sie aus den Tragriemen, ließ den Rückentragkorb fallen, stürzte sich auf die Holzdiebe. Sie grabschte nach links und nach rechts, erwischte keinen. Wider Willen entfesselte sie ein Spektakel, das die Meute ergötzte. Die Burschen zogen sich als Zuschauer zurück, standen auf der Straße, brüllten auf, wenn ihr ein Kleiner flink entkommen war.

Die Alte griff nun selbst nach ihrem Holz. Sie packte Wurzeln und Stöcke, die ihr gerade in die Hände kamen, schleuderte sie hinter den Kindern her. Dazu schrie sie, außer sich vor Wut. Die Burschen heulten vor Vergnügen. Adam hätte ihnen an die Gurgel springen mögen. Die Alte war machtlos. Sie gab nun auch auf. Ihre Arme hingen für einen Augenblick schlaff am mageren Körper herunter. Sie drehte sich um, legte einen Arm an die nackte Wand, barg den Kopf darin und weinte.

Die Burschen verstummten betroffen. Sie räumten den letzten Rest des Schutzwalles weg, lächerlich rücksichtsvoll auf einmal. Einer ging sogar auf Zehen. Unterdessen stießen ein paar der Stärksten einen zweiten Wagen vor, den sie schon zu Beginn der Dieberei hinter dem Haus abgestellt hatten. Er war mit dicken, kräftigen Holzbürden beladen. Die wurden nun den Wänden entlang aufgestapelt, an Stelle des verwitterten, grauen Sammelholzes. Sie waren doch keine Unmenschen! Adam merkte aber ganz gut, daß sie mit den Bürden nur ihre Gemeinheit vertuschen wollten.

Nicht einen Menschen gab es, der ihr half. Adam haßte sich selbst am meisten, weil auch er nichts unternahm.

Der Riese und der Zwerg

Die Kinder stießen sich in den Eingang des »Ochsen«: Dorfkinder, Schüler aus der Nachbarschaft. Die Vorstellung war einmalig. Sie stürmten die Garderobe, stürzten in den Saal. Adam warf sich auf einen Stuhl in der ersten Reihe. Die Blonde, welche er auf dem Plakat mehrmals lange bewundert hatte, wollte er genau sehen. Ihretwegen war er gekommen. Sonst interessierte ihn niemand und nichts.

Die Balgerei um die Plätze beruhigte sich. Zu seiner Rechten ließ sich eine zweite Blonde nieder, eine kleine, bezopfte. Er kannte sie nicht. Sie rückte den Stuhl in seine Nähe. Er wich aus. Sie schloß auf. Wann zum Teufel hörte sie mit der zudringlichen Stuhlrückerei auf? Hoffentlich gleich! Die Lichter gingen aus. Nur ein Scheinwerfer zeichnete einen Kreis auf den Vorhang.

Der Vorhang ging auf. Für einen Augenblick blieb die Bühne leer. Dann kam sie, die Unvergleichliche. Sie stöckelte schneidig ins Rampenlicht. Ihr blondes Haar türmte sich in tausend Löckchen über dem Kopf auf. Neben den Ohren hingen zwei lange Haarspiralen herunter. Sie trug Schwarz. Die Strümpfe erinnerten Adam an Fischernetze, an feinmaschige allerdings. Und ihr Kleid glich einem Badeanzug, wenn er auch mit Flittersternen besetzt war. Sie verbeugte sich, streckte den Arm einladend aus: Der größte Mann der

Welt trat auf, in Lackschuhen, Frack, steifem Hemd. Dazu trug er einen Zylinder, der den Langen noch verlängerte. Er zog ihn, sich ebenfalls verbeugend. Die Blonde pflanzte einen rot-weißen Meßstab neben ihm auf, schwang elegant ein Bein vor und rief: »Zwei Meter, 35 Zentimeter!« Ihr Spatzenstimmchchen ließ Adam zusammenzucken: eine Schönheit, die piepste! Die kleine Zopfblonde überschrie sie glatt mit ihrem »Na, so was!« Aber die Spiralen schüttelte die große Blonde gekonnt, und die Wiegeschritte, die das Ausmessen des Riesen begleiteten, waren zierlich.

Der Riese trat an die Rampe, führte Tricks vor. Er ließ Karten fortfliegen, griff sie aus der Luft heraus. Aus dem Zylinder zog er Uhren, eine nach der andern, als ob der Hut keinen Boden hätte. Die Blonde half ihm dabei und lenkte Adam auf den Verdacht, sie könnte die Frau des Riesen sein. Adam stellte sich vor, wie der sie mit den Schaufelhänden streichle. Weiß der Himmel, warum er das ungehörig fand.

Der Riese überließ ihr nun seinen Platz. Sie jonglierte Ringe, quer über die Bühne, ohne ihr Lächeln zu verlieren. Erst als ihr einer der Ringe zu Boden fiel, verzog sie den Mund sauersüß. Adam entdeckte, daß sie links eine Zahnlücke hatte. Die große Blonde trat eilig ab.

Adam erlaubte der Zopfblonden, sich auf seine Achsel abzustützen und zwischen den Köpfen der Vorderleute die Bühne zu überblicken. Eben zog die große Blonde buchstäblich ein winziges Männnchen hinter sich her. Nicht größer als ein Erstklässler war es und dennoch glatzköpfig und verrunzelt. Seine kurzen gelben Hosen hingen an breiten Trägern, die mit Messingkühen beschlagen waren. Ein Tabakpfeifchen saß ihm im Mundwinkel. Die Blonde pflanzte wieder den Meßstab auf, schwang das Bein vor, piepste Schuh- und Kragennummer in den Saal. Dann packte sie den Zwerg und hob ihn mit leichtem Schwung auf die ausgestreckte Hand des Riesen. Der Zwerg begann zu jodeln, immer schneller und lauter. Endlich drehte er sich auf der Riesenpratze, als wäre sie ein Tanzplatz und schloß seinen Gesang mit einem Jauchzer ab. Die Blonde trippelte auf den Kleinen zu und gab ihm einen Kuß. Dem bartstoppligen Männchen! Auf den runzligen, tabakstinkenden Mund! Adam wandte sich ab. Aber die kleine Blonde zog ihn an sich und prustete: »Warum hast du dir den Mund abgewischt mit dem Ärmel? Gruselt's dich vor Küssen?«

Adam war froh, daß die Zopfblonde nach der Vorstellung nicht wegging. Sie blieb auch neben ihm, als sie die Treppe hinuntergeschoben wurden. In der Garderobe nestelte sie umständlich an den Mantelknöpfen herum. Er hatte nur eine Mütze vom Haken zu nehmen und beschäftigte sich deshalb mit seinen Schuhschnüren. Sie waren allein. Er faßte sie an den Schultern. Sie küßten sich, küßten ins Leere. Sie hatten sich gegenseitig die Nase in den Weg gestellt. Adam wollte das Mißgeschick wieder gutmachen. Da war sie schon davongelaufen. Tölpel, der er war.

Fahrrad, Sack und Seemannsleibchen

Komisch, die Sägerei hatten sie doch hinter sich. Früher ja, da waren sie über die Baumstämme balanciert, besonders, wenn sie vom Regen glitschig waren und leicht um die Längsachse schlingerten. Kleinkindereien! Und jetzt fuhr Eugen auf dem Sägeplatz vor. Ausgerechnet er, der sich zu den Erwachsenen zählte, weil er eineinhalb Jahre älter war als Adam und seine Freunde. Er stellte sein Rad nicht an die Sägereiwand. Er lehnte es nicht an einen der Holzstapel. Mitten auf dem freien Vorplatz pflanzte er's auf, zwischen Wohnhaus und Sägerei: ein Ausstellungsstück. Das Rad war frisch gestrichen, silbergrau und gelb. Vom Lenker stand ein Rückspiegel ab. Auch der ein Angeberstück, reichlich groß, von einem Motorrad abmontiert.

Eugen hatte sich eben auf einen Baumstamm gesetzt, als Fritz um die Ecke bog. Es sah nach Zufall aus, denn er trug einen Sack bei sich, als ob er nur gekommen wäre, um Sägespäne für die Meerschweinchen zu holen. Ein noch größerer Zufall war wohl, daß der eine Hemdärmel am Gelenk zugeknöpft war, und der andere aufgekrempelt. Um den freigekrempelten Arm war eine Uhr gebunden. Fritz hatte nie eine besessen.

Fritz setzte sich, in einigem Abstand zu Eugen, da sprang Lukas über den Bach. Lukas mußte den Verstand verloren haben. Seinen bastardigsten Bastard aller Bastarde führte er an einer ledernen Leine. Der Hund versuchte, sie zu zerbeißen. Lukas ließ sich auf einem dritten Stamm nieder, ohne den bereits Anwesenden Beachtung zu schenken.

Keiner der drei hatte bis jetzt Adam entdeckt. Er saß im Hintergrund der Sägebude, dort, wo sie dunkel war. Man konnte also draußen auch sein gestreiftes Seemannsleibchen und die Baskenmütze nicht sehen. Die Mütze hatte er sich schräg über das linke Ohr gezogen.

Und dann kam *sie.* Ihr Onkel, der Säger, trug den Koffer und ging mit ihr am aufgepflanzten Fahrrad vorüber ins Haus. Sie hieß Sonja und kam aus der Stadt. Sie war ein höheres Wesen, nicht zu vergleichen mit den doofen Landpomeranzen.

Eugen ging zum Fahrrad, rieb mit dem Ärmel den Spiegel, hockte sich auf den Sattel, stützte das Bein ab. Fritz faltete seinen unmöglichen Sack, breitete ihn sorgfältig auf dem Stamm aus und setzte sich so, daß noch ein Platz frei blieb. Lukas ließ den Köter Männchen machen. Nur Adam blieb geduldig im Dunkel der Sägerei sitzen. Sonja war schon letztes Jahr immer durch die Küche in die Sägerei hinuntergestiegen. Von daher kam sie auch jetzt. Er trat mit ihr vor die Sägerei hinaus. Ihr gemeinsamer Auftritt warf die draußen aus ihrem gespielten Gleichmut. Sie glotzten nicht schlecht.

Sonja nahm auf dem Rollwagen Platz. Der Säger brauchte ihn sonst für den Transport der Stämme vom Holzlager zur Sägemaschine. Adam schob ihn an und schwang sich neben sie auf den Wagenrahmen. Sie nahm ihm die Mütze vom Kopf und setzte sie auf ihre Locken. Aber beim Zurückschieben sprang auch Uhrenfritz auf, und Lukas stand an der Endstation im Schuppen bereit, samt der Leine und dem Hund daran. Adam rührte sich nicht. Sie hofften, er würde sie hin- und herstoßen, damit sie sich über seine beflissene Blödheit lustig machen konnten.

Eugen, dem das Rad noch nichts eingebracht hatte, stieß es in den Schuppen und fragte: »Willst du umsteigen? Ich fahre dich auf dem Gepäckträger, wohin du willst.« Sie betrachtete das Rad, Eugen strich sich die Haare nach hinten. Sie nahm es, eroberte aber gleich den Sattel. Sie fuhr, obschon es ein Männerrad war, um die Holzstapel herum. Der Triumph neigte sich auf Eugens Seite. Sie wollte auch noch den Hund haben.

Das Biest sprang bellend neben dem Rad her.

Das Rad bog am Ende der Holzstapel ab und verschwand hinter dem Pfarrhaus. Die Buben reckten die Hälse. Es mußte in der Lücke zwischen Pfarrhaus und Metzgerei wieder auftauchen. Es erschien aber nicht. Sie zogen die Hälse wieder ein. Eugen bemühte sich, Ruhe zu bewahren. Fritz schwang seinen nackten Arm aus, zog ihn in weitem Bogen an sich. Adam und Lukas übersahen's, bemerkten dafür, daß Eugen immer nervöser zur Häuserlücke schielte. Fritz schlug den Uhrenarm abermals aus, begann zu grinsen. Eugen platzte los: »Du ekelhafter Aufschneider, deine Uhr stinkt zum Himmel. Sie läuft bestimmt nicht einmal.« Adam sagte: »Er fängt die Stadtmädchen mit Säcken.« Und Lukas ergänzte: »Er verwechselt sie mit Kartoffeln.« Fritz rollte den Sack zusammen, bestand darauf, daß er Sägemehl brauche, weiter nichts. Er wahrte sein Gesicht und trollte sich.

Die drei Verbliebenen warteten. Sie mußten warten: Adam auf seine Mütze, Lukas auf den Bastard, Eugen aufs Rad. Lukas verlor als erster die Beherrschung: «Das wird mir zu dumm, ich suche den Hund.« Er trabte davon. »Die zwei Bubis wären wir los«, brummte Eugen. Adam nickte. In diesem Augenblick fuhr Sonja mit dem Rad vor. Eugen riß es vom Rollwagen hoch. Das war nicht sein Rad! Sie fuhr auf einem Damenrad. Vom Gepäckträger streckte Ruth die Beine aus. Sonja war im Handumdrehen im Haus verschwunden. Adam und Eugen nahmen Ruth ins Verhör: »Wo ist das Rad hingekommen? Und wohin die Mütze?« Ruth zuckte mit den Schultern. Eugen faßte sie am Kinn, zog ihr den Kopf hoch. Wenn er das tat, war er gefährlich. Ruth gab nach: »Sie hat das Rad beim Bahnhof abgestellt und die Mütze über den Rückspiegel gezogen.« – »Hol sie aus dem Haus, aber dalli!« Das war ein Befehl. Ruth stolperte ein paar Schritte rückwärts und lief. Eugen ergriff ihr Rad, Adam sprang auf. Ruth eilte wieder auf sie zu. Aber Eugen war schon in die Pedalen getreten. »Dorftrottel!« schrie sie, »solchen Dorftrotteln ist Sonja noch nie begegnet. Hat sie selber gesagt!«

Sie fuhren zum Bahnhof. Lukas kam ihnen auf Eugens Rad entgegen, Adams Mütze auf dem Kopf, den eigenen Köter an der Leine. Sie ließen aus Ruths Radreifen die Luft ab und waren überzeugt, daß die Stadtweiber durch und durch verdorben waren.

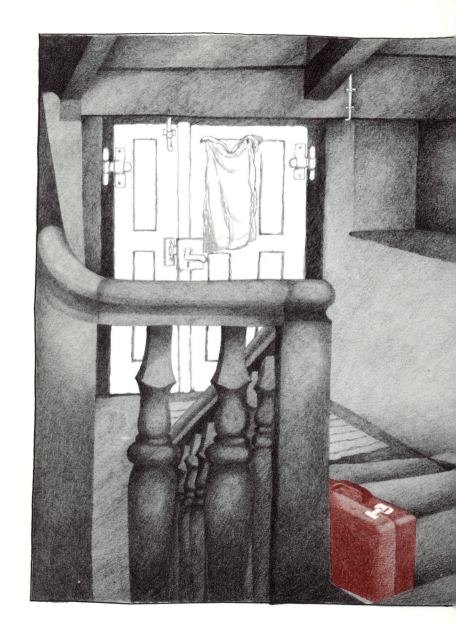

Nähmaschine und Reißverschluß

Bevor er eintrat, blickte er sich um. Blödsinnig! Nur weil die Leute munkelten, Svens Mutter sei kein Umgang für Kinder, hatte er Angst. Im Hausgang war es finster. Adam tastete sich der feuchten Flurmauer entlang vorwärts, bis er mit dem Fuß gegen Holz stieß. Das war der Aufgang zu Svens Wohnung. Er kam in den engen Vorraum mit den drei Türen, auch dort war es stockdunkel. Adam fand die Klinke der Stubentür mit einem Griff. Svens Mutter hatte ihm erlaubt, ohne Klopfen einzutreten. Die Nähmaschine schnurrte am Fenster. Svens Mutter säumte Waschlappen und Frottiertücher. Ein hoher Stoffstapel lag auf dem Tisch. Sie umarmte ihn, sagte: »Sven ist noch am Bach. Willst du ihn suchen?« Adam zog es vor zu warten. Sie erzählte Dinge, die er sonst nirgends hörte. »Das ist ein Leben!« seufzte sie. »Um sieben Uhr habe ich mit der Näherei angefangen, zwischenhinein gekocht, sauber gemacht. Jetzt sitze ich wieder an der Maschine. Bis der Stapel weg ist, wird es acht werden oder gar neun. Dabei verderbe ich mir die Augen über den schmalen Säumen. Ginge ich in die Fabrik, würde ich mehr verdienen. Aber ich will Sven nicht sich selbst überlassen. Das wissen sie in der Fabrik ganz genau, sie entlöhnen mich für die Heimarbeit schlechter. Und damit sie möglichst viel aus mir herausholen können, werde ich pro Stück bezahlt. Wenn kein Mann da ist, wehrt sich niemand für eine Frau. Aber lieber keinen Mann als einen wie Svens Vater. Er hat mich hocken lassen, noch vor der Heirat, der Schuft.«

Adam war neugierig: »Warum nimmst du nicht einen anderen?« Sie warf einen raschen Blick zur Tür, dämpfte die Stimme: »Es ist schwierig, einen Mann zu bekommen, wenn man ein Kind hat. Aber sag das um alles in der Welt Sven nicht.«

Sven kam mit einer selbstgebastelten Turbine herein, legte sie sorgfältig auf eine Zeitung, damit er der Mutter den Boden nicht vertropfte. Vom Schrank nahm er zwei Schachteln herunter. Darin bewahrte er geschnitzte Frachtschiffe, Tanker, Lotsen, Passagierdampfer auf. Svens Hände konnten mit Holz und den einfachsten Werkzeugen alles herstellen. Daß er dennoch zu keiner Bubenbande gehörte, war seiner Scheu und Verschlossenheit zuzuschreiben.

Sie zogen sich in den Stubenhintergrund zurück. Selbst hier war es dämmrig, die winzigen Fenster ließen wenig Licht herein. Die Schiffe waren nur zu unterscheiden, weil sie aus hellem Tannenholz geschnitzt waren. Sie bauten Hafenanlagen, schoben die Schiffe an Docks und aufs offene Meer hinaus. Aber Adams Gedanken kehrten zu Svens Mutter zurück. Sie bekam keinen Mann? Nur weil sie ein Kind hatte? Ein Kind wie Sven!

Die Füße auf dem Tretbrett der Nähmaschine ruhten. Svens Mutter ließ ihren Rocksaum durch die Finger gleiten. Sie zog den Rock über den Kopf, nahm den losen Saum unter die Nadel. Während sie das Fußbrett antrieb, rutschte der Unterrock zurück. Welch zarte, kräftige Schenkel sie hatte! Wäre er ein Mann gewesen – sie hätte er genomen und keine andere!

Svens Mutter zündete das kleine Maschinenlämpchen über der schnurrenden Nadel an. Sven deckte in der Küche den Tisch. Der Rock war geflickt. Sie stellte sich mit dem Rücken vor Adam auf. Er nahm den Zipfel des Reißverschlusses. Er klemmte. »Zieh nicht so zaghaft, Angsthase!« rief sie, »es ist ein *Reiß*-Verschluß! So ist's mutiger!«

Sie aßen zu dritt. Mutter und Sohn unterhielten sich: »Hast du die Miete bezahlt?«

»Nein, der Hausmeister wird sich noch ein paar Tage gedulden müssen. Für dieses Loch findet er ohnehin keine anderen Mieter.«

»Und warum hast du das Radio noch nicht angeschafft? Du hättest Musik zu deiner Pingelarbeit.«

»Zuerst wird dein Mantel gekauft.«

»Ich will ihn aber nicht. Ich habe die Jacke.«

»Und ich will nicht, daß du wie ein Armleutekind herumläufst. Auch wenn du eines bist.«

»Das ist mir egal.«

Adam staunte. Seine Eltern bestimmten allein übers Geld. Svens Mutter nahm die Haare zusammen, bauschte sie auf dem Kopf auf. Dann ließ sie sie lang über die Schultern fallen, zog sie straff nach hinten. Sie wollte wissen, wie sie Adam am besten gefiel. Adam wurde rot und sagte, sie gefalle ihm immer. Sie lachte, bestand auf einer entschiedenen Antwort. Er gab zu, daß er sie mit den hängenden, ungebändigten Haaren am schönsten fände. Sie lachte wieder, nannte ihn einen reizenden Jungen. Er konnte seinen längst fälligen Aufbruch nicht mehr länger hinausschieben, gab sich einen Ruck. Sie umarmte ihn und bat ihn, wiederzukommen. Ja, er hätte sogar gerne ganz mit Sven getauscht. Zu Hause erzählte er nichts von seinen Besuchen.

Kriechgänge

In der Scheune des Ochsenwirts waren neue Strohballen eingelagert. Das Tor hatte der Wirt mit einem Vorhängeschloß abgesperrt. Die Mütter erzählten wieder warnende Beispiele von Kindern, die im Stroh erstickt waren.

Fritz und Adam saßen auf dem Brückenwagen neben dem Scheunentor. Sie hatten eben der Versuchung widerstanden, im Strohlager Gänge zu graben. Es war klüger, damit zu warten, bis die Erwachsenen die Gefahr allmählich vergaßen.

Aus dem Küchenfenster gegenüber lehnte sich Helen, die Wirtstochter. Sie galt als Dorfschönheit. Sie war schön, aber auch dementsprechend hochmütig. Sie rümpfte angesichts der zwei Knirpse auf dem Brückenwagen die Nase, blickte sich gaßab, gaßauf nach größeren Burschen um.

Adam flüsterte: »Warte, sie wird uns noch nachlaufen.« Fritz kapierte. Er sprang vom Wagen, hantierte hörbar am Vorhängeschloß. Adam mischte sich ein: »Da kommst du nicht rein, aber auf der Rückseite der Scheune ist ein Brett locker.« Sie waren im Begriff, hinter der Scheune zu verschwinden, als bei Helen der Groschen fiel. »Untersteht euch, ins Stroh zu kriechen. Wir wollen keine Scherereien!«

Sie überhörten's, brauchten bloß das lose Brett einwärts zu biegen, schlüpften in die Scheune.

»Wir verstecken uns, bis sie kommt«, schlug Fritz vor.

»Und wenn sie nun zu unseren Eltern läuft?«

»Das wird sie nicht tun, bevor sie weiß, daß wir wirklich im Stroh stecken.«

»Dann können wir ebensogut gleich kriechen.«

Adam kletterte in eine Lücke. Fritz stieg hinterher, faßte Adam an den Fußgelenken. Sie krochen. Adam hatte hinter der ersten Lücke eine zweite gefunden. Es gab immer wieder Spalten und Durchschlüpfe; man wußte nur nicht, wohin sie führten. Nach mehreren Wendungen krochen sie im Finstern. Auch wärmer wurde es und stickig. Der Staub verfing sich in der Nase. Die Geräusche draußen auf der Gasse wurden dumpf. Adams Kopf rannte gegen einen quergestellten Ballen. Er stieß den Kopf nach links vor, nach rechts. Mit den Händen tastete er nach Spalten. Es half nichts, sie waren eingesperrt. Es war bereits unmöglich, rückwärts wieder hinauszufinden. Man hatte mit den Schuhe voran kein Gefühl für Durchschlüpfe.

Sie riefen. Niemand antwortete. Wenn es nun Helen ganz egal war, daß sie im Stroh erstickten? Adam scharrte nochmals, wie ein Irrer. Das Stroh gab nach. Er hatte eine Öffnung gefunden, tauchte verzweifelt hinein. Der Durchschlupf war eng. Die Ballen drückten ihn zusammen. Er war gefangen. Zum letzten Mal wollte er seine Kräfte für einen alles durchdringenden Schrei zusammennehmen, als der Druck nachgab. Er taumelte in einen neuen geräumigen Tunnel.

Sie kamen wieder zügiger voran. Aber die Richtungsänderungen schienen nicht aufhören zu wollen. Am Ende eines langen Korridors sahen sie Licht. Sie hoppelten, galoppierten auf den Knien dem Ausgang entgegen. Kopfvoran stürzten sie in die Scheune hinaus.

Jemand schrie auf. Helen! Sie fuhr auf die beiden los, packte und schüttelte sie. Sie sahen erst jetzt, daß sie begonnen hatte, Ballen aus dem Lager zu zerren. Helens Gesicht war blaß. Die Buben grinsten. Ihre Angst war verflogen. Sie waren noch einmal davongekommen. Und Helen war ihnen auf den Leim gekrochen.

Das Köfferchen aus Kartonleder

Der Zug hielt. Zuerst erschien die Mutter unter der Wagentür. Sie setzte immer den gleichen Fuß voran auf den nächsten Tritt. Die Stufen waren hoch. Unten drehte sich die Mutter um und stützte behutsam den Arm des nachsteigenden Mädchens. Es trug ein Köfferchen und einen dünnen Mantel. Das Köfferchen war aus Karton, der wie Leder aussah. Aus Karton war auch der große, runde Anhänger am Mantelaufschlag. Das rote Kreuz darauf war unübersehbar. Adam ging auf die Angekommenen zu. Die Mutter sagte: »Schau, das ist jetzt der Adam.« Aber sie vergaß, ihm das Mädchen vorzustellen. Es umklammerte mit der Rechten den Köfferchengriff, gab Adam die Linke. Sie fühlte sich schlaff an. Die Blässe ihres Gesichtes fiel ihm auf und die traurigen und zu großen Augen.

Sie schritten die Dorfstraße hinunter. Hinter den Fenstern wurden mit dem Daumen Vorhänge weggeschoben. Adam war stolz. Die Leute sollten nur sehen, daß sie ein Flüchtlingskind aufnahmen.

In der Stube blieb das Mädchen stehen. Die Mutter sagte: »Komm, jetzt ziehen wir den Mantel aus. Und zu fürchten brauchst du dich nicht.« Es zog den Mantel aus. Adam sah, daß auf dem Anhänger ihr Name stand. Maria hieß sie, Maria Wallner. Sie stand wieder da, beim Köfferchen. Die Mutter sagte: »Komm, setz dich doch. Es kostet gleichviel. Oder willst du anwachsen?«

Für Adams Geschmack sprach die Mutter zu kindisch. Maria setzte sich auf die Kante des Lehnstuhls, stellte das Köfferchen vor die Füße. »Komm, ich stelle es zum Ofen, bleib nur sitzen.« Maria folgte ihm aber, vergewisserte sich, ob es wirklich neben den Ofen zu stehen kam. Adam dachte: »Zum ersten Mal hat sie etwas von selbst unternommen. Das Köfferchen ist ihr wichtig.«

Der Vater kam. »Das ist der Vater«, sagte die Mutter, »du sagst ihm auch Vater, wie wir.« Er blickte auf ihren Scheitel herab und fragte: »So, bist du gut gereist?« Sie nickte abwesend. Der Vater kratzte sich im Haar und kehrte zur Arbeit zurück. Die Mutter schlug vor, nach oben zu gehen. Sie wollte Maria zeigen, wo sie schlafen sollte. Sie griff nach dem Köfferchen, aber Maria kam ihr zuvor. Adam begleitete sie. Er war nun sicher, daß irgend etwas in diesem Köfferchen für das Mädchen lebenswichtig war. Die Mutter legte das Köfferchen auf die Kommode und räumte aus. Das war rasch geschehen. Adam beobachtete die Mutter und Maria. Die Mutter packte ein paar Wäschestücke aus, einen Kamm, die Zahnbürste. Maria nahm es ohne sichtbare Regung wahr. Buntstifte, ein Schuletui folgten, ein Plüschhund, Gaben des Roten Kreuzes. Maria wartete unbewegt. Die Mutter war auf dem Kartongrund angelangt, nahm Strümpfe und eine Mütze heraus. Maria sah der Mütze nach, hob die Hand, zog sie wieder zurück. Also, die Mütze! Merkwürdig sah sie aus, lief zu einem sehr schmalen, spitzen Zipfel aus und hatte seitlich zwei langgezogene Ohrenklappen. Fremdartige, hübsche Muster waren in die dicke Wolle hineingestrickt. Aber ohne Zweifel waren es nicht die Muster, welche der Mütze Bedeutung und Wert verliehen. Sie war bestimmt ein Geschenk des Vaters gewesen, der im Krieg war. Oder die Mütze verband Maria mit ihrer Mutter. Sie war in einem Lager zurückgeblieben.

Die Mutter versorgte die Wäsche in der Kommode, die Stifte und das Etui im Nachttisch. Den Plüschhund steckte sie zwischen Decke und Leintuch. Den Mantel hängte sie in den Schrank und verstaute auf dem Brett darüber Strümpfe und Mütze. Es war noch nicht die Jahreszeit für Wollsachen. Als die Mutter die Schranktüre schloß, wurden Marias Augen noch größer. Sie war im Begriff, etwas zu sagen. Aber die Worte blieben auf halbem Weg stecken. Sie schluckte sie wieder hinunter. Und die Mutter war wirklich nicht feinfühlig. Sie sagte nur: »Komm, ich zeig dir, wo du dich waschen kannst. Und dich kämmen. Und die Zähne putzen.« Adam blieb im Zimmer. Er öffnete den Schrank, streckte sich und langte die Mütze vom Brett herunter, steckte sie in seine Hosentasche.

Am Stubentisch hatte sich unterdessen auch der Bruder eingefunden. »Schau, das ist jetzt der Peter«, waren die Worte, die Adam erwartete. Sie wurden auch prompt gesprochen. Nur fügte die Mutter hinzu: »Er ist unser Großer und geht schon in der Stadt zur Schule. Adam wird sich dafür um dich kümmern.« Der

Bruder betrachtete Maria neugierig. Er glotzte sogar unverschämt, fand Adam. Er schob ihr die Mütze unter dem Tisch hindurch zu. Sie tastete, fühlte mit den Händen, warf ihm einen Blick zu und lächelte. Das ermutigte die Mutter – sie bezog das Lächeln auf sich – mit vorsichtigen Fragen, Marias Schicksal zu erforschen. Mehr als ein Ja oder ein Nein bekam sie allerdings nicht zur Antwort.

Adam ging mit Maria hinaus. Sie setzte sich die Mütze auf den Kopf. »Zeig ihr das Dorf«, hatte die Mutter hinterhergerufen, »daß sie sich bald zu Hause fühlt.« Obschon es da nicht viel zu zeigen gab, spürte er zum dritten Mal an diesem Tag ein Gefühl des Stolzes. Für sie war schließlich alles neu. Beim Wasserrad begegneten sie Eugen. Er musterte das Mädchen von oben bis unten. Dann wies er mit dem Finger auf die bunte, spitze Mütze und kicherte blöd. Adam stellte sich vor Maria hin und drohte: »Laß sie in Ruhe, und zwar sofort!« Eugen ließ die Luft zwischen den Zähnen hindurch: »Spiel dich nicht so auf, Großmaul. Ich tu ihr schon nichts.«

Maria faßte Adam an der Hand. Sie liefen dem Bach entlang.

Ein Stück Holz

Adam lag im Bett. Was sollte er tun? Er hätte das Licht löschen können. Er erwog auch, sich im Zimmer der Schwester zu verstecken. Er blieb aber liegen, unerträglich gespannt, ließ das Licht brennen. Endlich nahm er das Buch vom Nachttisch, ein atemraubendes Buch. Die Eisbärjäger hatten das Schiff verlassen, sprangen auf ein treibendes Eisfloß und... Adam ertappte sich dabei, wie er neben dem Buch vorbeisah. Er horchte. Das Wasser rauschte in der Wasserleitung. Hedwig wusch sich also. Sie hatte den Pullover und die Bluse ausgezogen. So jedenfalls stellte sich das Adam vor. Wie wäre sonst der Hals sauber geworden? Mag sein, daß sie sich mit kaltem Wasser auch nur die Augen ausrieb, bevor sie kam. Vor drei Wochen hatte sie in Adams Familie die Stelle als Haushaltlehrtochter angetreten und weinte an den Abenden. Sie hatte Heimweh.

Er hätte lesen mögen, wie früher, und Hedwig am liebsten vergessen. Dann lauschte er doch wieder. Sie kam, in Strümpfen. Der Korridorboden ächzte kurz und scharf: Sie befand sich auf der Höhe der Treppe. Ein dumpferes, anhaltendes Knarren folgte: Sie ging an der Toilette vorüber. Er hätte immer noch flüchten können. Er fürchtete sich und wußte nicht, wovor. Er sah, wie die Türklinke hinunterging, nahm das Buch hoch. Da stand sie schon und sprach nichts. Er war gezwungen, sie anzusehen. Er war bemüht, ihren zärtlichen Blicken standzuhalten. Wenn er plötzlich laut gelacht hätte, wäre sie zusammengefahren, und nicht nur, weil die Eltern von ihren Besuchen nichts wußten. Adam widersetzte sich ihren Augen anders. Er musterte ihr Haar. Es war schwarz und dicht. Nur strich sie es mit Pomade oder einem anderen öligen Mittel ein. Es glänzte und roch etwas ranzig. Das störte ihn und lenkte ihn von ihr ab.

Sie schob die Hände, wie gestern und vorgestern, unter seine Decke, wärmte sie an seinem Körper. Obwohl sie die Hände ruhig hielt, kitzelten sie ihn. Wäre er nicht dagelegen wie ein Brett, hätte er es gar nicht ausgehalten.

Sie legte den Kopf auf seine Brust, nahm den seinen mit beiden Händen, preßte ihn an ihre Brüste. Sie waren zart und weich. Er fühlte das, auch wenn er seinen Kopf als Gegenstand empfand, der nicht zu ihm gehörte. Der Kopf war ein Stück Holz. Vielleicht blieb sie deshalb so lang: Sie spürte nichts von ihm.

Sie erhob sich, strich sein Haar aus der Stirn, sagte leise: »Schlaf gut.« Die Türe ging geräuschlos zu. Adam hörte es dumpf knarren, dann scharf und kurz ächzen. Er löschte das Licht, meinte, etwas versäumt und falsch gemacht zu haben, und wußte nicht genau, was und warum.

Gewichte an den Beinen

Adam schlich sich aus dem Haus, setzte seine Beine in Bewegung und lief. Die Mutter erschien auf dem Balkon. Die Arbeit schlug wieder einmal über ihrem Kopf zusammen. Sie brauchte Adams Hilfe. Aber sie drehte sich gleich wieder um. Die Beine hatten Adam längst außer Hörweite getragen. Er trainierte mit seinen Freunden täglich auf dem Flußdamm. Das war die flachste, geradeste Strecke, die ihnen zur Verfügung stand. Sie war nur zu schmal. Einer nahm deshalb Abstand und rannte als Hase voraus. Der zweite jagte ihn. Adam holte alle Hasen ein. Aber beim bevorstehenden Sportfest trafen sich Läufer aus dem ganzen Tal. In andern Dörfern gab es Buben, die so schnell waren wie er. Er hoffte, auch sie zu besiegen, versuchte sich gleichzeitig mit dem Gedanken vertraut zu machen, bloß Zweiter oder Dritter zu werden. Doch seine Freunde setzten auf ihn: »Dich soll einer schlagen? Wenn du schon unsern Ältesten davonläufst!«

Adam war nun schon so oft als Hase und Verfolger gelaufen, daß er sich ins Gras legen mußte. Es stimmte, sogar sein vier Jahre älterer Bruder war ihm nicht gewachsen. Wenn sie stritten, warf ihm Adam die bis zuletzt aufgesparten Beleidigungen an den Kopf und lief, lief durch die Küche, über die Treppe, hinunter in den Hof. Auf der Dorfstraße verschärfte er das Tempo mühelos, bis ihn der Bruder aus den Augen verlor. Und

Paul, der größte in ihrer Klasse! Er überragte Adam um zwei Haupteslängen. Sie liefen immer gemeinsam. Pauls lange Beine holten weiter aus. Adam stieß die seinen häufiger ab. Auch wenn Paul das Gesicht verzerrte, ächzte – Adam hörte sein Keuchen schon nach wenigen Metern zurückbleiben. Waren Adams Beine einmal in Schwung gekommen, wirbelten sie leichtfüßig davon. Er spürte, wie der Vorsprung größer wurde. Wenn die Mädchen zusahen, machten sie gleichgültige Gesichter. Sie versteckten ihre Bewunderung.

Adam prüfte sich nochmals, lief als Verfolger, überspurtete den Hasen nach halber Distanz. Warum hatte er eigentlich Angst?

In der Nacht vor dem Sporttag träumte Adam: Er verlor gegen einen ganz Kleinen, einen wahren Kobold. Dessen Beine wirbelten derart rasend, daß man sie nicht mehr sah. Als Adam erwachte, schwitzte er. Wenn er nun versagte und nicht einmal so schnell lief, wie es seine Beine sonst immer vermocht hatten? Rita fiel ihm ein. Sie war nicht wie die anderen Mädchen. Wenn die Buben allein turnten, stand sie am Fenster der Handarbeitsschule. Der Lehrer teilte die Buben in Stafettengruppen ein, ließ Adam abseits stehen. Die eine Gruppe triumphierte, sie fühlte sich stark. Die Schwächeren rebellierten. Der Lehrer schickte Adam zu den Rebellen. Nun triumphierten sie. Die Rivalen hatten sie um eine halbe Platzlänge distanziert. Das liebte er am meisten: einen scheinbar rettungslos verlorenen Kampf noch zu ihren Gunsten zu entscheiden. Er schielte zum Fenster hinüber, übernahm den Stab. Der Gegner lief bereits auf die Wendemarke zu. Hinter ihm brüllten die Mannschaften. Adam begegnete seinem Rivalen kurz vor der Wendemarke, er hatte vorstehende Augen. Aber Adam war schon hinter ihm her, überholte ihn auf dem letzten Meter. Die Mannschaft fiel begeistert über ihn her.

Sie fuhren mit den Rädern zum Bezirkshauptort. Adam stand zum ersten Mal auf einer Aschenbahn. Seine Schuhe rutschten. Andere waren es gewohnt, auf ihr zu laufen. Sie trugen Klubleibchen und an den Füßen elegante Laufschuhe, rot gestreifte mit Knöchelstützen.

Adam gewann den Vorlauf, überstand auch den Zwischenlauf sicher. Es blieben acht Läufer für den Endlauf übrig. Zwei von ihnen hatten bessere Zeiten erreicht als er. Adam schwitzte wieder, die Beine wurden schwer. Er schüttelte sie, tänzelte wie die Konkurrenten. Sie blickten verächtlich auf sein gewöhnliches weißes Schweißleibchen und auf die billigen Turnschuhe. Sie hatten gelb gerippte Sohlen, Kässohlen, wie sie sie nannten. Sie duckten sich, starrten konzentriert zum Zielband. Es wurde still an den beiden Bahnrändern. In die Stille rief plötzlich eine helle Stimme: »Zeig's ihnen, Adam, zeig's ihnen!« Das konnte doch nicht wahr sein! Rita! Schallendes Gelächter. Einer sagte: »Er hat sie als Trösterin mitgenommen, er wird sie brauchen.« Aber Adam spürte ganz im Gegenteil die Gewichte von seinen Beinen fallen. Übermut straffte seine Muskeln. Er lief blindlings, ohne seine Mitläufer zu beachten. Er lief einfach, was seine Beine und die Kässohlen hergaben. Als er das Zielband durchtrennte, wußte er, daß er's ihnen gezeigt hatte. Er sah sich nach Rita um. Sie hatte sich bereits aufs Fahrrad geschwungen und winkte ihm von der Straße her zu.

Nachher

Adam ist jetzt ein Mann und Vater. Sein Sohn heißt Benjamin. Wenn er morgens erwacht, schaltet Benjamin zuerst den Transistor an, dreht, bis ihn Rockmusik munter macht. Während er den Gürtel der Jeans schnallt, fällt sein Blick auf ein Poster: Zwei Halbwüchsige umarmen sich, langhaarig der Junge, nacktbusig das Mädchen.
Eine Viertelstunde später verläßt Benjamin die Wohnung, mit der Schulmappe unter dem Arm, auf dem Leder leuchtet ein Kleber in Signalfarbe: LOVE. Er geht viel zu früh weg, trifft sich mit Mädchen und Buben, die in Popzeitschriften alles über Liebe gelesen haben. Sie sind aufgeklärter, offener als damals Adam. Aber die Buben haben es immer noch nötig, mit Fahrrädern zu imponieren. Ein Mädchen verschafft sich Respekt, indem es kaltschnäuzig sagt, was es von den Erwachsenen denkt. Benjamin mag dieses Mädchen, sehnt sich nach seiner Zärtlichkeit und Anerkennung. Aber er hat auch Angst, nicht anzukommen.

Benjamin legt sich abends mit denselben Gefühlen ins Bett wie seinerzeit Adam , aber er muß mit ihnen in einer andern Umwelt zurechtkommen. Er schreibt seine Erfahrungen manchmal in ein kleines Büchlein. Vielleicht entstehen daraus einmal Liebesgeschichten für jene Kinder, die Benjamin nachfolgen werden.

Redensarten, Kinderreime Sprachbilder Mini-Geschichten

Wortverästelungen

```
              AST AST   AST AST
          AST AST AST   AST AST AST
       AST AST AST AST   AST AST AST AST
     TASTE ASTI LAST    LAST ASTI TASTE
   LASTER ASTOR ELAST   ELAST ASTOR LASTER
 BASTARD ASTHMA DAMAST   DAMAST ASTHMA BASTARD
 PASTORIN ASTARTE BALLAST  BALLAST ASTARTE PASTORIN
  PASTETE ASTRID MORAST   MORAST ASTRID PASTETE
    KASTEN ASTER KNAST   KNAST ASTER KASTEN
      PASTE ASTA MAST    MAST ASTA PASTE
       AST AST AST AST   AST AST AST AST
          AST AST AST   AST AST AST
              AST AST   AST AST
                   STAMMSTAMM
                   STAMMSTAMM
                   STAMMSTAMM
                   STAMMSTAMM
                   STAMMSTAMM
                   STAMMSTAMM
                  STAMMTSTAMMT
                STAEMMIGSTAEMMIG
              STAMMBAUMBAUMSTAMM
```

Das Spiel mit der Sprache steht im Vordergrund dieses Buches. Ein entlarvendes Spiel, das man allein, aber besser mit anderen und vor allem auch mit Erwachsenen spielen kann. Die Leser erleben, was man mit Worten machen kann. 144 S. ab 12/Erwachsene/Schulen

Programm
BELTZ & Gelberg

Die anderen Kinderbücher

224 S. zweifarbig, Pp. ab 14/Erwachsene (80210)

Roman für Kinder. A. d. Russ. von H. Baumann. 136 S. zweifarbig. Pp. ab 12/Erwachsene (80504)

Roman. Aus dem Amerikanischen von Irmela Brender. 189 S. Pp. ab 12 (80516)

Geschichte einer langen Wanderung. A. d. Tschech. von H. Ungar. 80 S. zweifarbig. Pp. ab 11 (80215)

Roman. Aus dem Russischen von Hans Baumann. 212 S. Pp. ab 12 (80201)

Mein Vater, das Kriegsende, Cohn und ich. 176 S. Pp. ab 11 (80224)

Kinderroman. Bilder von Sophie Brandes. 159 S. Pp. ab 11 (80513)

Fotos von Werner A. Kilian. 148 S. Pp. ab 10 (80519)